Zu diesem Buch

Gruppen bestimmen unseren sozialen Alltag. Beruflicher Erfolg und die Befriedigung privater Bedürfnisse hängen stark davon ab, wie gut wir mit anderen auskommen – am Arbeitsplatz, unter Bekannten oder in der Öffentlichkeit. Sind wir in Gruppen, tauchen immer wieder die gleichen Fragen auf:

● Wie stelle ich meine Wirkung auf andere fest?
● Wie verschaffe ich mir Gehör?
● Wie finde ich schnell Kontakt?
● Wie kann ich Konflikte und Spannungen lösen?
● Wie kann ich Entscheidungen beeinflussen?
● Wie kann ich Teamarbeit vorbereiten?

Guter Wille allein löst diese Probleme nicht. Weit mehr nützt die Kenntnis gruppendynamischer Abläufe, wie sie dieses Aktionsbuch eingängig vermittelt.. Informierende Texte, unterhaltende Spiele, Übungen und Tests helfen die Gesetze des eigenen und fremden Verhaltens zu durchschauen. Vor allem aber zeigen sie, wie man besseres Verhalten erproben und anwenden kann. Lehrer, Mitarbeiter, Ausbilder, Vereinsmitglieder, Sozialarbeiter, Diskussionsleiter, Eltern – kurz alle, die mit oder in Gruppen arbeiten, können so aktiv lernen, mit sich selbst und anderen besser umzugehen.

Rainer E. Kirsten, Diplom-Handelslehrer, geboren 1944, studierte an der Universität Hamburg Betriebswirtschaft, Pädagogik, Soziologie und Psychologie. Als Mitbegründer des GIP-Teams in Hamburg und Dozent am WPI Hannover und anderen Fortbildungsinstituten befaßt er sich speziell mit gruppendynamischen Ausbildungsmethoden und Verhaltenstraining in Wirtschaft, Verwaltung und im Sozialbereich.

Joachim Müller-Schwarz, geboren 1928, ist Gründer des Wirtschaftspädagogischen Instituts (WPI) in Hannover. Seine pädagogische, psychologische und betriebswirtschaftliche Ausbildung erhielt er in Frankfurt. Durch einen Studienaufenthalt in den USA und angewandte Kommunikations- und Gruppenforschung hat er neue Methoden auf dem Gebiet des Personaltrainings und der Personalförderung entwickelt. Sein Erfahrungspotential liegt in der Arbeit mit jährlich etwa 40 über- und innerbetrieblich trainierten Gruppen.

Die Autoren planen und führen Seminare durch für Gruppen- und Kommunikationstraining im Rahmen der Organisationsentwicklung für Institutionen, öffentliche Verwaltungen und Unternehmen. Interessierte mögen Fühlung nehmen mit: WPI Hannover, Adelheidstraße 13, Tel. 0511/854535–855807.

Rainer E. Kirsten
Joachim Müller-Schwarz

Gruppen Training

Ein Übungsbuch mit 59 Psycho-Spielen,
Trainingsaufgaben und Tests

Rowohlt

69.–71. Tausend August 1994

Veröffentlicht im Rowohlt Taschenbuch Verlag GmbH,
Reinbek bei Hamburg, Januar 1976
Copyright © 1973 by Deutsche Verlags-Anstalt, Stuttgart
Umschlagentwurf Kurt Heger
Layout Hans-Ulrich Osterwalder
Gesamtherstellung Clausen & Bosse, Leck
Printed in Germany
1290-ISBN 3 499 16943 6

Auf dieser und der nächsten Seite
finden Sie eine schnelle Übersicht
über die einzelnen Themen
und Stichworte dieses Buches,
aufgeteilt in die Bereiche Theorie,
Spiele, Übungen und Tests.

Gruppenprozesse
61/90

Interaktion
72/106

Rollenverhalten
144

Gruppennormen
90/152

Konflikte
74

Gefühle
144/160/177

Theorie

Selbstwahrnehmung
13/120

Kommunikation
47/106/160/175

Gesprächsführung
47/120/135/175

Führung
106/192/222

Kooperation
24/39/61/209

Entscheidungen
39/74/192

Kreativität
49/209

Konkurrenz
74

Spiele

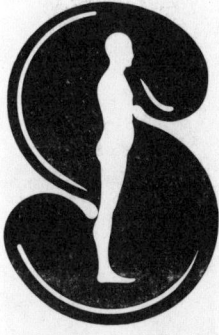

Selbstwahrnehmung
126/150/188

Kommunikation
42/108/164

Kooperation
28/42/66/197/213

Entscheidungen
31

Gesprächsführung
48/86/139/169/172

Kreativität
56/213

Führung
119/226/232

Konkurrenz
78/98/197/234

Kreativität
60

Gruppenprozesse
126/184/215

Interaktion
38/73/205

Interaktion
108/213

Rollenverhalten
205

Gruppennormen
155

Gruppennormen
59/156

Konflikte
78/234

Tests

Gefühle
126/150/184

Selbstwahrnehmung
21/113

Kommunikation
82

Gesprächsführung
143

Führung
113

Übungen

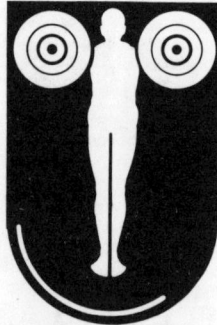

Kooperation
45/218

Gruppenprozesse
99/201

Interaktion
35

Selbstwahrnehmung
20/156/190

Rollenverhalten
201/218

Inhalt

Warum Gruppen-Training?

Was macht mich zum Außenseiter in Gruppen?

Sich selbst und andere besser verstehen lernen — mit sich selbst und anderen besser umgehen können — das sind die wichtigsten Trainingsziele dieses Buches. Sensitivitätstraining und Selbsterfahrungsgruppen, Kontaktgruppen und Wohngemeinschaften, Gruppentherapie — noch vor einigen Jahren nur wenigen Fachleuten bekannt, sind diese Begriffe heute für viele ein neuer Weg geworden, »sich selbst und andere zu befreien« (Horst E. Richter). Meistens treten wir anderen Menschen nicht als Einzelwesen gegenüber — wir haben es mit mehr oder weniger strukturierten Gruppen zu tun: der Gruppe der Kollegen im Betrieb, der Gruppe im Wartezimmer eines Arztes, Gruppen von Freunden und Bekannten im Verein oder auf einer Party. Auch wir selbst sind Mitglieder mehrerer Gruppen. Eine überraschende Erkenntnis der Gruppenforschung war, daß die Zahl der Gruppen weitaus größer ist als die Zahl der Individuen einer Gesellschaft! Auch in der modernen Sozialwissenschaft hat der Begriff der »Gruppe« den Begriff der »Gesellschaft« in den Hintergrund treten lassen.

Nicht nur beruflicher Erfolg, auch die Befriedigung unserer privaten Wünsche und Bedürfnisse sind weitgehend davon abhängig, wie gut wir mit all den Gruppen, mit denen wir täglich zusammentreffen, auskommen. Woran liegt es nun, daß einige Menschen die »geheimnisvollen« Gesetze zu beherrschen scheinen, spontan fast überall Kontakt und Einfluß zu finden? Wir folgen ihnen, und niemand weiß eigentlich so recht, warum! Kaum kommen sie in eine

Gesellschaft, »dreht« sich alles — im wahrsten Sinne des Wortes — sofort um sie. Andere dagegen scheinen ewig ein »Mauerblümchen« zu bleiben, auch wenn wir sie privat als durchaus interessante und wertvolle Menschen kennengelernt haben.

In diesem Buch werden Sie lernen, daß die Gesetze des menschlichen Zusammenlebens keineswegs geheimnisvoll sind. Wir haben in der Schule lernen müssen, Punkt und Komma richtig zu setzen. Auf dem Gebiet des menschlichen Zusammenlebens sind wir fast alle sozusagen »soziale Analphabeten«!

Wie kann ich
Führungseigenschaften trainieren
und Entscheidungen
in Gruppen beeinflussen?

Warum entstehen
Konflikte und Spannungen
in Gruppen,
und wie kann ich sie lösen?

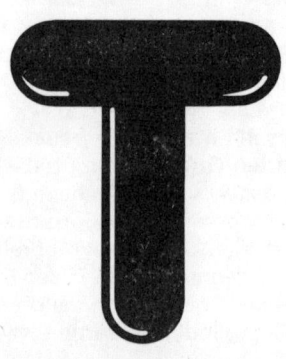

Wie schafft man
die Voraussetzungen
für erfolgreiche Zusammenarbeit
und Kreativität
in einem Arbeitsteam?

Sozialpsychologische Fragen werden in diesem Buch nicht nur theoretisch beantwortet. Sie können dieses Buch als eine Einführung in die Gruppendynamik lesen. Darüber hinaus finden Sie aber in jedem Abschnitt eine Reihe nicht nur unterhaltender, sondern auch interessanter und spannender Sozio-Spiele für Gruppen sowie Übungen und Tests für Ihr individuelles Training.

Die Spiele können Sie bei unterhaltenden Abenden mit Ihren Freunden, aber auch im Berufsleben — als Leiter einer Arbeitsgruppe, als Lehrer einer Schulklasse, usw. — verwenden. Ein Spiel sagt mehr als tausend Worte. Nach diesem Grundsatz sind die zahlreichen gruppendynamischen Spiele, Übungen und Tests aufgebaut, in denen man die Regeln und Gesetze des eigenen und fremden Verhaltens in Gruppen zu durchschauen lernt

und vor allen Dingen besseres Verhalten erproben und anwenden kann! Alle Spiele wurden von Experten zur Untersuchung und Demonstration des menschlichen Verhaltens in Gruppen entwickelt. So einfach und unterhaltend sie zunächst erscheinen — Sie werden schnell feststellen, wieviel Wirklichkeit unseres sozialen Alltags in diesen zunächst harmlos erscheinenden Spielen steckt. Sie lernen dabei, wie Sie selbst und andere sich in typischen Gruppensituationen — Konflikten, Kooperation, Wettbewerb, Verhandlungen, Entscheidungsprozessen — verhalten.

Lehrer, Führungskräfte, Mitarbeiter, Ausbilder, Sozialarbeiter, Vereinsvorsitzende, Vereinsmitglieder, Diskussionsleiter, Familienväter, Parlamentarier, Kinogänger und Skatspieler — alle, die mit und in Gruppen arbeiten oder mit ihnen auskommen müssen — am Arbeitsplatz, in der Straßenbahn, beim Einkaufen und in Gesellschaft von Freunden — können diese Spiele und Übungen benutzen, um mit anderen Menschen besser umzugehen oder um andere zu trainieren, besser miteinander umzugehen:

Ein gruppendynamisches Übungsbuch für die Hand des soziologisch interessierten Laien, aber auch für die Hand des pädagogischen Fachmanns, der täglich mit Gruppen arbeiten und trainieren muß!

Wie finde ich schnell Kontakte in neuen Gruppen?

1. Das Fenster mit dem blinden Fleck

Oft wissen
wir nicht genau,
welche Vorstellungen andere
über uns haben
und schätzen diese
falsch ein.

Stellen Sie sich einmal vor, eine gute Fee nähme Sie auf einem vornehmen und etwas steifen Abendempfang Ihres Chefs plötzlich bei der Hand und entführte Sie in weniger als einer Sekunde zu einem fröhlichen Hippie-Fest an die Riviera! Vielleicht haben Sie von einer solchen Fee schon lange geträumt, aber nun, mit dem Sektglas in der Hand und eingezwängt in Smoking und steife Hemdbrust, werden Sie sich unter all den leichtlebigen Blumenkindern wohl kaum wohlfühlen! Sie werden — sicher zu Recht — annehmen, daß man Sie in Ihrem Aufzug dort nicht ganz ernst nimmt, und Ihr Verhalten ist dementsprechend unsicher.

Das, was man allgemein als Selbst-Sicherheit, Selbst-Vertrauen oder Selbst-Achtung bezeichnet, wird eben nicht allein durch unsere Persönlichkeit bestimmt. (Was bedeutet überhaupt »Persönlichkeit«? Wir werden später noch darauf zurückkommen.) In jeder Situation, in der wir mit anderen Menschen zu tun haben, beobachten wir uns sozusagen auch durch deren Augen. Und nicht nur unser Verhalten, auch ein großer Teil unserer Kenntnis über das eigene »Ich« — unsere Selbsteinschätzung — hängt ab von dem Bild, das andere vermeintlich von uns haben. Die Mutter sagt zu Peter: »Du bist aber ein prächtiger Junge!« — und Peter glaubt (jedenfalls in diesem Moment), daß er ein prächtiger Junge ist.

Um diesen Sachverhalt noch einmal ganz deutlich zu machen: Unser Selbstbild hängt also nicht davon ab, wie andere uns wirklich sehen (dem objektiven Fremdbild), sondern von dem

Fremdbild, das unserer Meinung nach andere von uns haben. Von diesem vermuteten Fremdbild wird ein großer Teil unseres sozialen Verhaltens beeinflußt. Der Literaturwissenschaftler, der eben noch so selbstsicher im Kreise seiner Fachkollegen diskutierte, scheint sich tatsächlich „in einen anderen Menschen" zu verwandeln, wenn er beispielsweise in der Reparaturwerkstatt darüber spricht, ob die Stoßdämpfer an seinem Wagen erneuerungsbedürftig sind oder nicht. Er — der Laie — fühlt sich hier unsicher und dem Mechaniker unterlegen.

Wir können es täglich an uns selbst erfahren, daß wir unser Verhalten auf die von uns vermutete Wirkung unserer Person auf andere Menschen abstimmen. Das kommt gerade auch in der Sprache zum Ausdruck: »Sie werden jetzt sicher von mir denken, daß . . .« —Dieser Satz zeigt, daß wir die Meinung des anderen gedanklich schon vorweggenommen haben!

Oft wissen wir gar nicht genau, was andere für Vorstellungen über uns haben, oder wir schätzen diese Vorstellungen falsch ein. Wenn wir merken, daß die anderen uns ganz anders sehen, als wir gedacht haben, ändern

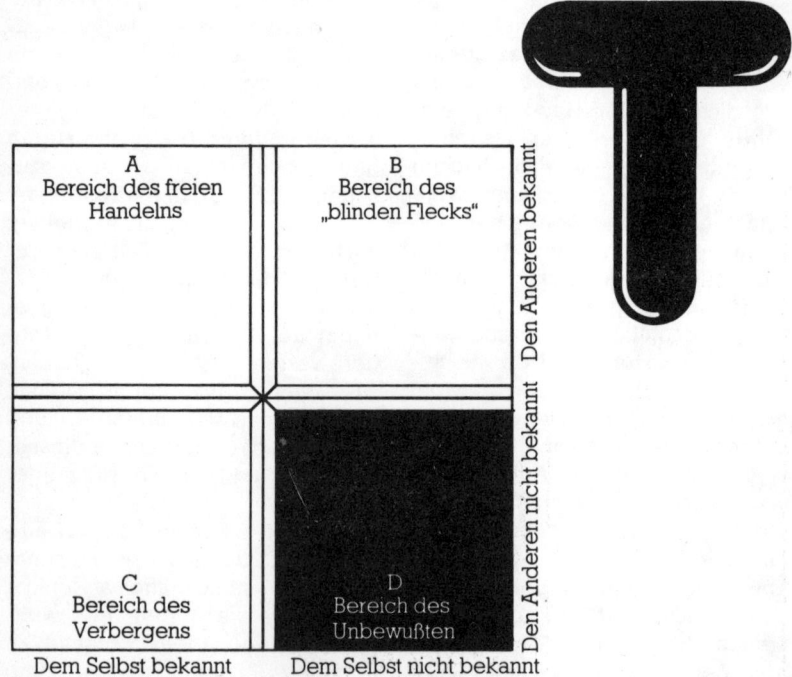

	Dem Selbst bekannt	Dem Selbst nicht bekannt	
Den Anderen bekannt	A Bereich des freien Handelns	B Bereich des „blinden Flecks"	
Den Anderen nicht bekannt	C Bereich des Verbergens	D Bereich des Unbewußten	

wir meistens auch unser Verhalten. Wir erfahren zum Beispiel, daß ein bestimmter Mensch uns sehr gern mag — und sofort werden auch wir ihm gegenüber viel aufgeschlossener. Wie können wir mehr darüber erfahren, wie andere uns wirklich sehen, und warum ist das so wichtig für uns? Betrachten wir die Abbildung auf Seite 14. Dort sehen wir, daß sich unsere zwischenmenschlichen Beziehungen in einem Rahmen abspielen, den man als Fenster mit vier Flügeln bezeichnen kann. Flügel A (die öffentliche Person) ist der Teil unseres Selbst, der uns und anderen bekannt ist. Er ist der Bereich unseres freien Handelns, in dem wir nichts vor anderen verbergen. Flügel B ist der »blinde Fleck« in unserem Verhaltens-Fenster. Dieser blinde Fleck bedeutet, daß andere oft mehr über uns wissen, als wir selbst, ihr Fremdbild über uns stimmt also nicht mit unserem Selbstbild überein. Flügel B enthält alle unsere unbewußten Gewohnheiten, Vorurteile und Zuneigungen. Wir sind oft sehr überrascht, wenn andere uns darauf aufmerksam machen — uns »die Augen öffnen« über eine Stelle in unserem Bild, die wir selbst noch nicht entdeckt haben. Flügel C

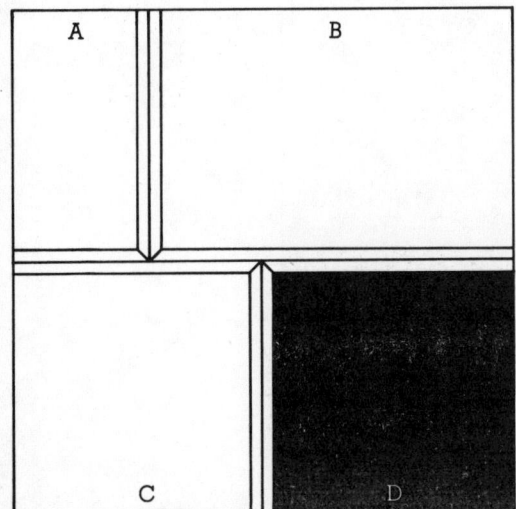

(die private Person) ist der Bereich unseres Denkens und Handelns, den wir bewußt vor anderen verbergen — unsere heimlichen Wünsche vielleicht oder Dinge, die wir verheimlichen, weil hier unsere »empfindlichen Stellen« liegen, oder weil wir glauben, daß sie von anderen abgelehnt werden. Flügel D schließlich ist der Bereich des Unbewußten, der weder uns noch anderen zugänglich ist, der Teil unseres Selbst also, mit dem sich die Tiefenpsychologen beschäftigen, der uns an dieser Stelle aber noch nicht interessieren soll.

Sehen wir uns nun die vier Fenster auf den Seiten 15—18 an:

Fenster I zeigt die typische Situation eines Menschen in einer ihm fremden Gruppe. Der Bereich A ist hier sehr klein. Er weiß noch nicht, was die anderen »von ihm halten«, und er weiß noch nicht, wieviel er von seiner »privaten Person« hier preisgeben darf. Die Frage »Wie kann ich mich in dieser Umgebung verhalten«, muß erst noch gelöst werden. Wegen dieser zunächst ungelösten Frage bedeuten fremde Menschen und Gruppen anfangs immer eine Art Bedrohung für uns, der Bereich unseres freien Handelns (A) ist entsprechend eingeschränkt. Wenn wir davon ausgehen, daß jeder Mensch das Bedürfnis hat,

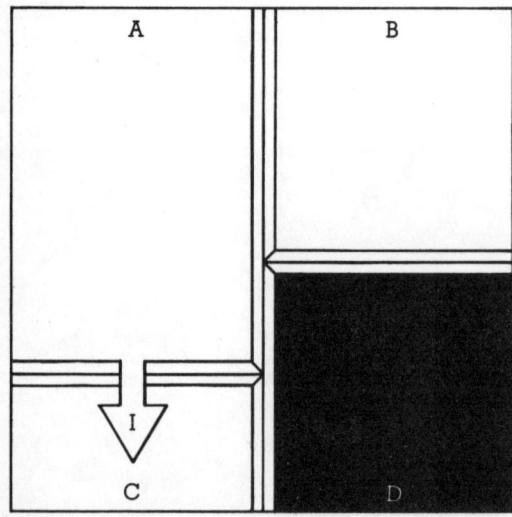

2

seinen Flügel A auszuweiten, sehen wir sofort, daß wir dafür die Bereiche B und C einschränken müssen. Dies fällt uns oft schwer, weil wir in unserer Industriekultur meist dazu erzogen werden, anderen Menschen zunächst mit Mißtrauen zu begegnen. Wir müssen daher bewußt daran arbeiten, die Bereiche B und C zu verkleinern. Wenn wir »Freiheit« und »frei sein« einmal mit »möglichst uneingeschränkt handeln können« übersetzen, wird uns das sofort verständlich. Umgekehrt ist in unserem Sprachgebrauch ein »Unfreier« ein »mißtrauischer« und »gehemmter« Mensch. Sogar an der Art der Bewegungen kann man also oft erkennen, ob wir uns in bestimmten Situationen »frei« fühlen.

Fremde Menschen
und Gruppen
bedeuten anfangs
immer eine Art Bedrohung
für uns!

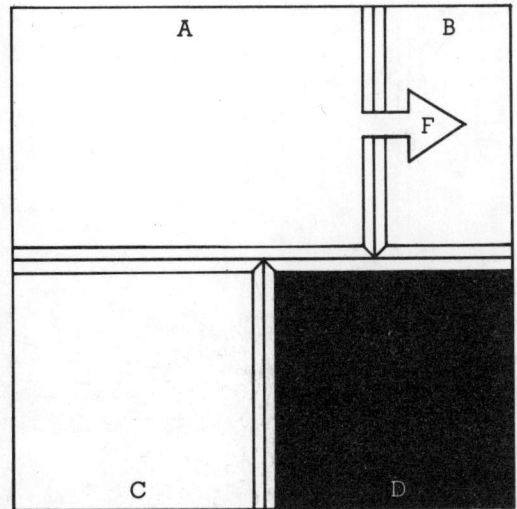

3

In Fenster II ist der Bereich C (unsere private Person) schon etwas abgebaut. Der Pfeil I steht für Information. Er soll deutlich machen, daß wir Bereich C nur abbauen können, wenn wir dazu bereit sind, Privates preiszugeben. Diese wichtige Fähigkeit, anderen Menschen Informationen über sich selbst geben zu können, nennt man Vertrauen. Pfeil F im Fenster III steht für »feed-back« (Rückkopplung). Diesen Ausdruck (er bedeutet eigentlich eine »steuernde Information«) haben die Gruppenforscher aus der Kybernetik übernommen. Unser Verhalten löst entsprechende Reaktionen bei anderen aus, auf die wir wiederum reagieren, wenn wir diese Reaktionen, dieses »feed-back« (das gesprochene Wort oder auch eine Körperbewegung) sehen können. Wir sehen, daß wir den Bereich des »blinden Flecks« nur abbauen können,

„Feedback"
hilft uns,
mehr darüber
zu erfahren,
wie wir auf
andere wirken.

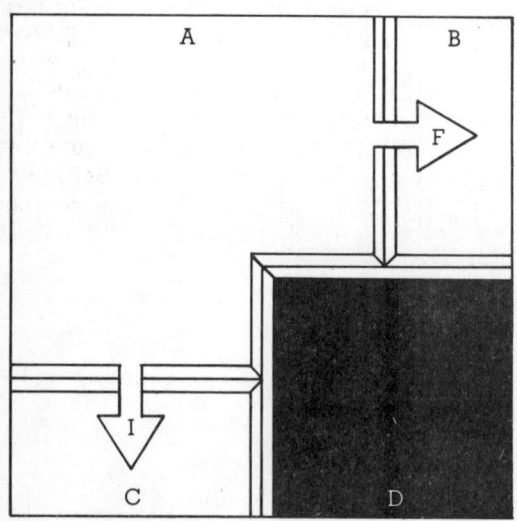

Wir können den
Bereich des „blinden Flecks"
nur abbauen,
wenn wir nicht nur lernen,
über uns selbst zu sprechen,
sondern uns auch bemühen,
die Meinung anderer über
uns zu erfahren

wenn wir nicht nur lernen, über uns selbst zu sprechen, sondern uns auch darum bemühen, die Meinung anderer über uns zu erfahren, also Informationen (feedback) darüber einholen, wie uns die anderen sehen. Anderen Dinge über sich selbst mitzuteilen (Informationen geben), ist ein Ausdruck von Vertrauen. Die Frage »Was denkst Du eigentlich von mir?« (Informationen einholen) ist eine Art Bitte um Vertrauen.

Fenster IV zeigt: Informationen über sich preisgeben und Informationen über sich einholen, sind die einzig wirksamen Verhaltensweisen, die den Bereich unseres freien Handelns im sozialen Raum vergrößern können. Umgekehrt können wir es natürlich anderen Menschen auch ermöglichen, uns gegenüber aufgeschlossener zu werden (also ihr Vertrauen zu gewinnen), wenn wir sie um Informationen über sich bitten und ihnen ein »feed-back« über ihr Verhalten geben — wir vergrößern damit den Bereich A bei anderen. Leider werden wir meist zum Gegenteil erzogen — »vornehme« gegenseitige Zurückhaltung gilt bei vielen noch immer als Tugend! Lassen Sie sich durch Enttäuschungen nicht entmutigen — denn Sie wissen von sich selbst, wie schwer es einem zuerst fällt, offen über sich und andere zu sprechen. Auf den nächsten Seiten finden Sie einen Test, der Sie bei Ihren Bemühungen unterstützen soll.

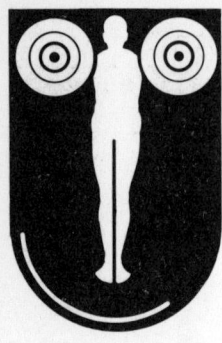

● das Selbstbild des anderen
zu ergründen und zu akzeptieren,
das heißt aufmerksamer zuzuhören,
was er über sich selbst sagt,
und wie er das tut,

●

das Verständnis für ihre
eigenen Bereiche A, B und C
zu erweitern,

●

Versuchen Sie deshalb in den
nächsten Tagen als erste kleine
Übung – zunächst bei guten
Freunden und Bekannten –
ganz bewußt

anderen von Ihren
privaten Wünschen,
Hoffnungen und Ängsten
zu erzählen,

●

anderen offen mitzuteilen,
was Sie gern an ihnen mögen
und was Sie weniger schätzen,

●

die ehrliche Meinung
anderer Menschen über Ihr eigenes
Verhalten einzuholen.

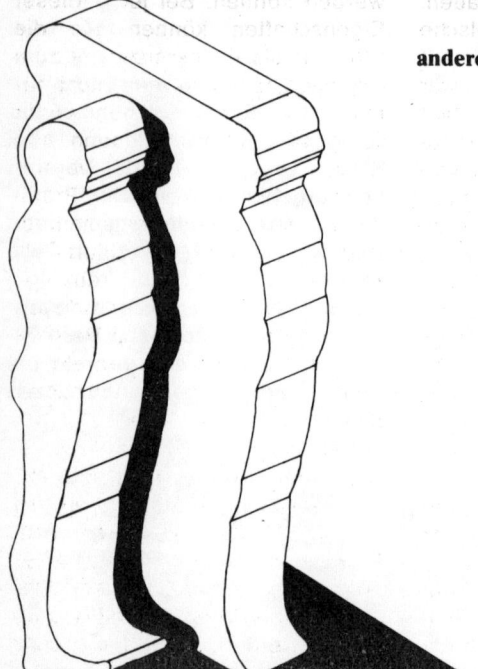

Literatur:
J. Luft, 1971, 3. Kap., S. 22 ff
A. Oldendorff, 1965, 2. Kap., S. 53 ff
*Die Titelangaben zu den Autoren
finden Sie im Literaturverzeichnis*

Test: Wie wirke ich auf andere?

Bitten Sie Ihre
Freunde und Bekannten,
Ihr Persönlichkeitsprofil
zu zeichnen,
und korrigieren Sie
Ihr Selbstbild!

Wir haben gesehen, daß wir uns besser kennenlernen, wenn wir uns auch mit den Augen unserer Umwelt sehen, also den Bereich des »blinden Flecks« abbauen. Wir machen uns oft ganz falsche Vorstellungen davon, wie wir auf andere wirken. Das wäre zwar nicht weiter tragisch, wenn wir uns unabhängig von der vermuteten Meinung der anderen verhalten. Meistens ist das aber nicht der Fall, und deshalb ist es wichtig, das Fremdbild, das andere von uns haben, kennenzulernen.

Nur ein überzeugter Einzelgänger wird von sich sagen können, »Die Meinung der anderen Menschen kümmert mich nicht!« — Ob er dabei aber glücklich (und ehrlich!) ist, ist eine andere Frage.

Versuchen Sie einmal, den Unterschied zwischen der von Ihnen vermuteten Fremdeinschätzung und der tatsächlichen Fremdeinschätzung Ihrer Umgebung festzustellen. Eine geeignete Methode dafür ist das »Persönlichkeitsprofil«. In der Tabelle auf Seite 23 finden Sie einige Eigenschaften, mit denen Person und Verhalten eines Menschen charakterisiert werden können. Bei jeder dieser Eigenschaften können Sie die Worte 0 bis 4 ankreuzen — zum Beispiel »0« für »Trifft nicht für mich zu« oder »4« für »Trifft völlig zu«. Wenn Sie dann alle Kreuze durch eine Linie verbinden, erhalten Sie eine Art Profil, das bei jedem Menschen anders, eben charakteristisch verläuft. Setzen Sie nun noch ein Kreuz vor die drei Eigenschaften, von denen Sie meinen, daß sie Ihre Persönlichkeit besonders charakteristisch kennzeichnen. Jetzt haben Sie das Profil Ihres Selbstbildes gezeichnet.

Wir haben schon gesagt, daß andere Sie meist anders sehen, als Sie sich selbst. Zwischen dem Profil, das Ihnen ein Mitarbeiter oder Vorgesetzter und dem Profil, das Ihnen Ihre besten Freunde geben werden, bestehen sicher Unterschiede, weil jeder einen ganz anderen Teil von Ihnen besonders intensiv wahrnimmt. Wählen Sie zwei oder drei Menschen aus Ihrer Umgebung aus und versuchen Sie sich jetzt vorzustellen, welche Profile Ihnen wohl diese Personen geben würden. Sie können so verschiedene Profile von vermuteten Fremdbildern zeichnen und diese den tatsächlichen Fremdbildern gegenüberstellen. Vielleicht bitten Sie erst ein paar gute Bekannte, Ihr Persönlichkeitsprofil aufzustellen, bevor Sie sich an Kollegen oder Ihren Chef wenden.

Einen ziemlich genauen Eindruck Ihrer Persönlichkeit, wie sie sich anderen darstellt, bekommen Sie übrigens dann, wenn Sie die Fremdeinschätzungen zu einem Gesamtprofil addieren. Um unerwünschte »höfliche« Einschätzungen zu vermeiden, können Sie Fremdbeurteilungen auch anonym ausfüllen lassen oder einen anderen mit der Auswertung beauftragen.

Soviel sei schon verraten: Sie werden überrascht feststellen, daß jeder dieser Bekannten Sie anders sieht — vor allem (mehr oder weniger) anders, als Ihrem vermuteten Fremdbild entspricht!

Wir wollen zum Abschluß noch einmal betonen, daß eine solche Beurteilung nicht angibt, wer oder was Sie objektiv sind, sondern lediglich das subjektive Bild festhält, welches andere von Ihnen haben. Wenn Sie sehr große Unterschiede zwischen Selbst- und Fremdeinschätzung feststellen, sollten Sie anfangen, sich realistischer zu sehen, denn Sie können anderen Menschen weitaus weniger vormachen, als Sie vielleicht glauben. Und wenn die vermuteten und die tatsächlich von Ihren Bekannten aufgestellten Persönlichkeitsprofile sehr große Differenzen aufweisen, wäre dies ein klärendes Gespräch mit den Betreffenden bestimmt wert!

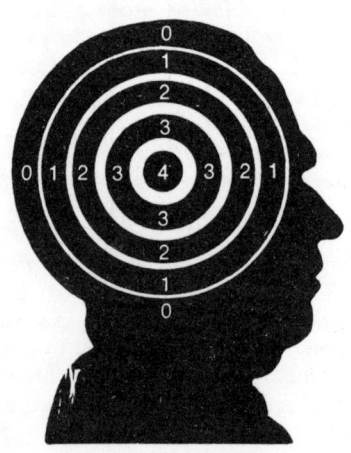

Mein Persönlichkeitsprofil

	0	1	2	3	4
sachlich-nüchtern					
selbstbewußt					
tatkräftig, aktiv					
entschlossen					
temperamentvoll					
anpassungsfähig					
selbstbeherrscht					
zuverlässig					
aufgeschlossen					
schlagfertig					
kreativ					
intelligent					
begeisterungsfähig					
vielseitig					
ehrgeizig					
egozentrisch					
geltungsbedürftig					
impulsiv					
kontaktfreudig					
tolerant					
einfühlend					
ausgeglichen					
kompromißbereit					
optimistisch					
freundlich					
sympathisch					
ungeduldig					
objektiv-neutral					
hilfsbereit					
fähig, andere zu beeinflussen					
autoritär					
warmherzig					
dominant (beherrschend)					
unsicher					
aggressiv					

2. Keiner weiß soviel wie alle

Der junge Alexander
eroberte Indien.
Er allein?
Cäsar
schlug die Gallier.
Hatte er nicht
wenigstens einen Koch
bei sich?

(Bertolt Brecht)

Beim Bau von Pyramiden, beim Tauziehen und bei der Kriegsführung muß die Überlegenheit der großen Zahl von Menschen nicht erst bewiesen werden. Sie ist offensichtlich, auch wenn Pharaonen, Mannschaftskapitäne und Generäle solche Leistungen gern auf ihr Konto buchen. Unsere hochentwickelte Technik läßt den Einsatz von Menschen als Pyramidenbauer zwar immer bedeutungsloser erscheinen. Man kann aber zeigen, daß die Regel von der Vereinigung der Kräfte nicht nur für körperliche, sondern auch für geistige Leistungen gilt. Dazu können Sie selbst ein einfaches Experiment durchführen. Die zehn

Figuren auf den Seiten 26/27 sind alle unterschiedlich groß. Bevor Sie jetzt weiterlesen, versuchen Sie einmal, die Figuren nach ihrem Flächeninhalt zu ordnen, jedoch ohne irgendwelche Hilfsmittel zu benutzen! Geben Sie jeder Figur einen Rangplatz (von 1–10).

Geben Sie Ihren Bekannten nun – jedem einzeln – die gleiche Aufgabe und fassen Sie die so erhaltenen Rangreihen zu einer einzigen zusammen (Beispiel: Figur C hat die Plätze 2, 4 und 1 bekommen – Mittelwert also 7:3 = 2,33). Sie werden verblüfft feststellen: Je mehr Personen diese Aufgabe lösen, desto besser wird das gemeinsame Ergebnis. Schon wenn

Sie die Ergebnisse von etwa acht Personen zusammenfassen, erhalten Sie meist die richtige Reihenfolge der Figuren! Die Fehler in den einzelnen Reihen scheinen sich auszugleichen. Einer der Vorzüge der Teamarbeit liegt eben darin, daß sich dadurch die geistige Leistungsfähigkeit mehrerer einzelner Personen zusammenfassen läßt und damit die Gefahr falscher Entscheidungen verringert wird.

Dies ist aber nur ein Vorzug der Gruppenleistung gegenüber der Einzelleistung. Einen weitaus bedeutenderen Vorteil entdeckte Elton Mayo sozusagen als überraschendes Nebenergebnis bei seinen berühmt gewordenen Untersuchungen in den Hawthorne-Werken. Mayo stellte fest, daß sich die Arbeitsleistungen einer bestimmten Versuchsgruppe von Löterinnen ständig verbesserten, selbst als man die Arbeitsbedingungen der Gruppe (z. B. die Beleuchtung) verschlechterte. Die Arbeiterinnen hatten im Lauf der Experimente Mayos ein besonderes Zusammengehörigkeitsgefühl entwickelt, und damit verbesserte sich auch die Zufriedenheit und die Leistung bei der Arbeit. (Über die Hintergründe dieses Phänomens werden wir noch in einem besonderen Abschnitt sprechen.) Eine Gruppe mit einem guten »Gruppenklima« hat eine starke Motivationswirkung für ihre einzelnen Mitglieder, die zu Leistungen »mitreißen« kann, die in Einzelarbeit meist nicht erzielt würden. Diesem Phänomen sind wir

wohl alle in irgendeiner Form schon einmal begegnet. In unserem kleinen Figuren-Experiment hatten wir nur eine künstlich zusammengesetzte Gruppe, als wir die einzelnen Rangreihen zu einer einzigen zusammenfaßten. Wie eine reale Gruppe in einer einfachen Entscheidungssituation arbeitet, wollen wir in unserem ersten Spiel untersuchen.

Bevor wir beginnen, noch ein paar Worte zum Sinn der in diesem Buch enthaltenen Spiele. Wenn Menschen zusammen sind — als Paar oder in einer Gruppe — dann dient ihr Zusammensein meist einem ganz bestimmten Zweck. Natürlich können Sie auch dann eine ganze Menge über menschliches Verhalten — ihr eigenes und das der anderen — lernen. Oft werden Sie aber für solche Beobachtung gar keine Zeit haben, weil das Sachproblem, um das es gerade geht, Ihre ganze Aufmerksamkeit in Anspruch nimmt. Und selbst wenn Sie sich nebenher als Verhaltensforscher betätigen, werden Sie leicht dazu neigen, für Ihr eigenes oder fremdes Verhalten in dieser Situation den **Inhalt** eines Gesprächs, einer Verhandlung oder einer gemeinsamen Aufgabe verantwortlich zu machen: »Hier mußte ich leider autoritär durchgreifen — der Ernst der Lage verlangte es«. Solche Entschuldigungen sind schwer zu widerlegen. Gruppendynamische Spiele dagegen sind eben zunächst nur Spiele. Ihr **Inhalt** ist deshalb relativ gleichgültig, und Sie können sich ungestört auf die **Prozesse** konzentrieren, d. h. wie die Menschen während des Spiels handeln. Lassen Sie sich nicht durch das Argument beirren, ein Spiel sei eben kein Ernstfall, und entsprechend würde man sich hier auch ganz anders verhalten. Denken Sie nur an Ihre eigenen Erfahrungen beim »Mensch-Ärgere-Dich-Nicht« — oder beim »Malefiz«-Spiel — übrigens ein Spiel mit ganz ausgeprägten gruppendynamischen Aspekten, in welchen man ausgezeichnet die Prozesse der Verhandlung, Koalitionsbildung usw. beobachten kann! Die Erfahrung hat gezeigt, daß sich im Spiel grundsätzliche Verhaltensweisen eines Menschen **nicht** ändern. Wir können also ohne weiteres das Spiel als ein Modell des Ernstfalles betrachten.

Wie gesagt ist der Inhalt der in diesem Buch aufgeführten Gruppenspiele nebensächlich — wichtig ist, daß in ihnen Situationen und Probleme simuliert werden, mit denen Gruppen auch im Alltag laufend zu tun haben: Entscheidungen fällen, Konflikte lösen, Kompromisse schließen oder

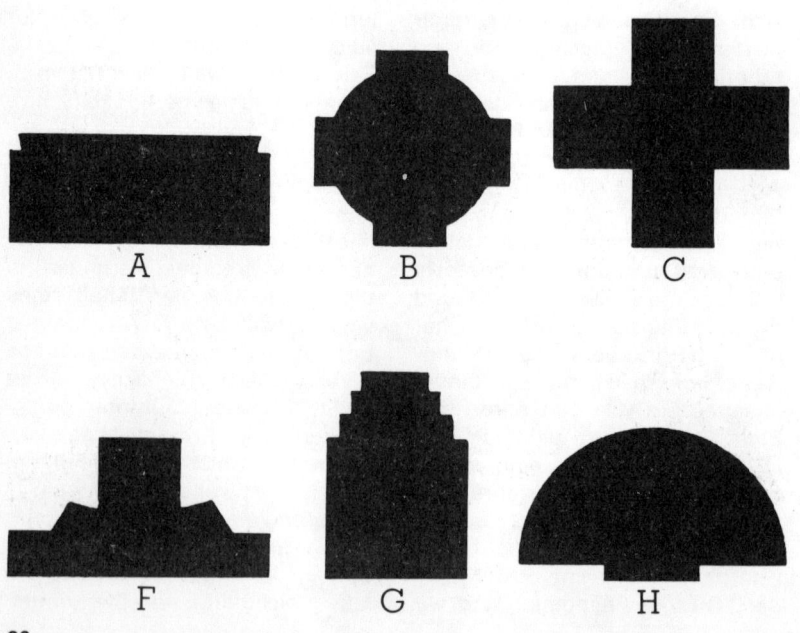

A   B   C

F   G   H

Aufgaben planen und durchführen. Und Sie können mit gutem Gewissen annehmen, daß Ihr Verhalten in der Spielsituation nicht allzusehr von der Art abweichen wird, wie Sie im Ernstfall Entscheidungen fällen, Verhandlungen führen oder Probleme lösen. Aus diesem Grund ist es wichtig, sich genügend Zeit für eine Auswertung der Spiele zu nehmen — wenn Sie sie nicht nur als Party-Unterhaltung einsetzen wollen, was natürlich auch möglich ist!

Die Auswertung in einer anschließenden Diskussion ist übrigens nicht nur genau so wichtig, sondern mindestens so interessant wie das Spiel selbst, wie Sie schnell feststellen werden. Hier gilt der Satz: »Keiner sieht soviel wie alle.« Und so fügen sich die Steinchen der Beobachtungen der einzelnen Spieler sehr schnell zu einem interessanten Mosaik menschlichen Verhaltens in Gruppen.

Schauen Sie sich nun die Ausgangssituation unseres ersten Entscheidungsspiels an:

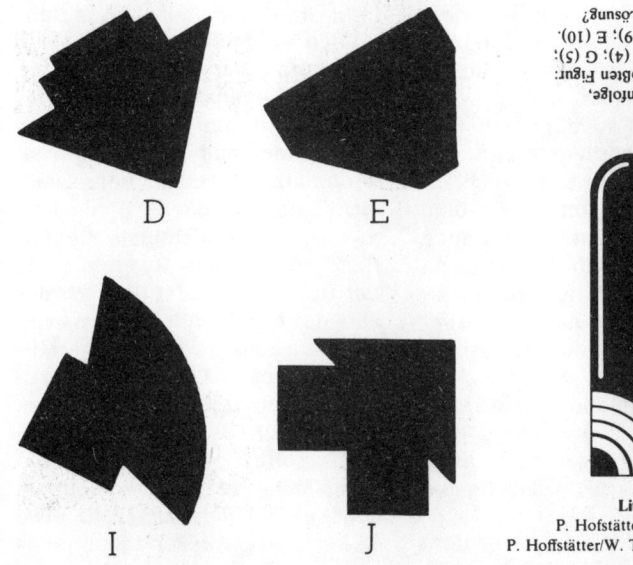

D   E

I   J

Hier
die richtige Reihenfolge,
angefangen mit der größten Figur:
C (1); H (2); A (3); B (4); G (5);
I (6); D (7); J (8); F (9); E (10).
Wie gut war Ihre Lösung?

Literatur:
P. Hofstätter, 1971, S. 29 ff
P. Hoffstätter/W. Tack, 1967, S. 120—131

NASA-Weltraum-Spiel

Ihre Überlebenschance
hängt davon ab,
ob Sie
in diesem Spiel
die richtigen
Ausrüstungsgegenstände
für eine
Mondexpedition
auswählen können.

Ihr Weltraumschiff hat auf dem Mond gerade eine Bruchlandung gebaut. Eigentlich sollten Sie Ihr Mutterschiff treffen, das sich 200 Meilen entfernt auf der hellen (der Sonne zugewandten) Seite des Mondes befindet. Die Bruchlandung hat Ihr Raumschiff völlig zerstört. Die Überlebenschance für Ihre Mannschaft hängt davon ab, ob Sie das Mutterschiff erreichen. Von Ihrer Ausrüstung sind nur 15 Gegenstände heil geblieben. Sie müssen jetzt die Ausrüstungsgegenstände auswählen, die für die Überwindung der 200 Meilen bis zum Standort Ihres Mutterschiffes am wichtigsten sind.

Die Aufgabe der Spieler besteht darin, die auf Seite 30 aufgezählten Gegenstände in eine Rangordnung zu bringen. Setzen Sie den Gegenstand, den Sie für den Marsch zum Mutterschiff am wichtigsten halten, auf den 1. Rangplatz der Liste, den zweitwichtigsten an die 2. Stelle und so fort. Der unwichtigste Gegenstand erhält den Rangplatz 15. Der Spielleiter bildet (je nach der Zahl der Anwesenden) Teams von vier bis sechs Personen. Die Mitglieder dieser Teams sollen zunächst jeder für sich, also unbeeinflußt von den übrigen Teammitgliedern, ihre persönliche Rangskala der Ausrüstungsgegenstände aufstellen (Zeit: etwa 15 Min.). Anschließend muß jedes

Bei der Lösung
bestimmter Probleme
ist die
schlechteste Gruppe
meist immer
noch besser als
der beste
Einzelgänger!

Team eine gemeinsame Gruppen-Rangskala erstellen, wobei die aufgeführten Spielregeln beachtet werden sollen. Es kommt darauf an, die richtige Lösung zu finden; diese wurde von einem Expertenteam der NASA entwikkelt. Die Lösung finden Sie auf Seite 33. — Aber blättern Sie bitte nicht um, bevor Sie Ihre eigene Bewertung vorgenommen haben.

Jedes Team hat für die Erstellung der Rangfolge der Ausrüstungsgegenstände 45 Minuten Zeit. Es müssen dabei die folgenden Spielregeln beachtet werden: Die Meinung eines jeden Teammitglieds soll bei der Entscheidung berücksichtigt werden, die Entscheidung soll aber möglichst einstimmig erfolgen. Nachdem die Gruppe ihre Rangskala festgelegt hat, füllen die Gruppenmitglieder (einzeln) den Beobachtungsbogen »Wie arbeite ich im Team?« auf Seite 36 aus.

Dieses Spiel soll unter anderem deutlich machen, daß bei der Lösung bestimmter Probleme die Lösung der schlechtesten Gruppe meist immer noch besser ist als die beste Einzellösung. Diese Hypothese können Sie mit Hilfe des Lösungsbogens auf Seite 31 überprüfen. Zunächst brauchen Sie ein Maß für die Qualität einer Lösung. Tragen Sie in die Spalten für jedes Gruppenmitglied die Differenzen (immer mit positivem Vorzeichen) zwischen den geschätzten und den richtigen Rangplätzen ein. Dann zählen Sie die Differenzen im untersten Feld der Spalte zusammen. (Ein Beispiel: Gruppenmitglied 1 hat den Streichhölzern den 10. und dem Lebensmittelkonzentrat den 7. Rangplatz gegeben. Richtige Lösung: Platz 15 bzw. Platz 4. Differenzen zwischen Einschätzung und richtiger Lösung: 5 beziehungsweise 3, Summe: 8.)

Je niedriger die Summe der 15 Differenzen am Ende ist, desto besser ist natürlich auch die Lösung des Gruppenmitgliedes. Die gleiche Rechnung wiederholen Sie jetzt für die Lösung jeder Gruppe, um die Qualität der ge-

Stellen Sie Ihre persönliche Rangskala der Ausrüstungsgegenstände auf!

		Streichhölzer
	Lebensmittelkonzentrat	
	Fünfzig Fuß Nylonseil	
	Fallschirmseide	
	Tragbares Heizgerät	
	Zwei 0,45 Kal. Pistolen	
	Trockenmilch	
	Zwei 100-Pfund-Tanks Sauerstoff	
	Stellar-Atlas (Mondkonstellation)	
	Sich selbst aufblasendes Lebensrettungsfloß	
	Magnetkompaß	
	Fünf Gallonen Wasser	
	Signalleuchtkugeln	
	„Erste-Hilfe"-Koffer mit Injektionsnadeln	
	Mit Sonnenenergie angetriebener UKW-Sender/Empfänger	

meinsamen Lösung festzustellen.
Nun können Sie unsere Hypothese
überprüfen. Ist das beste Einzel-
ergebnis schlechter als das
schlechteste Gruppenergebnis?
Oder war etwa ein Gruppenmitglied in seiner Einzelschätzung
sogar besser als die Gesamtgruppe mit ihrer erarbeiteten Einschätzung?

**Tragen Sie hier
die Differenzen
zwischen den geschätzten
und den richtigen
Rangplätzen ein.**

1	2	3	4	5

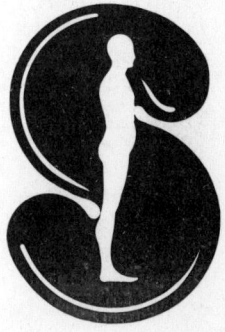

Gab es ein dominierendes Gruppenmitglied, das die Meinungen der anderen unterdrückt und damit eine echte Gruppenlösung verhindert hat?

Hier finden Sie die Lösung des NASA-Spiels mit einer Begründung, warum die NASA-Experten bestimmte Ausrüstungsgegenstände für wichtig oder weniger wichtig hielten. Beginnen Sie aber jetzt keinen Streit darüber, ob die Experten recht haben oder nicht. Wichtiger ist die Frage, warum vielleicht ein Team so gut abgeschnitten hat, obwohl die Einzelergebnisse der Teammitglieder bestenfalls nur durchschnittlich waren. Ebenso kann es auch vorkommen, daß ein Gruppenergebnis schließlich schlechter wird als das Ergebnis des besten Gruppenmitgliedes. Das kann zum Beispiel dann der Fall sein, wenn ein Gruppenmitglied (es braucht nicht unbedingt der Experte für dieses Problem zu sein) besonders dominierend ist, die Meinungen der anderen unterdrückt und damit eine echte Gruppenlösung verhindert.

Aber auch zum Unterdrücken gehören bekanntlich zwei — also auch derjenige, welcher sich un-terdrücken läßt. Damit kommen wir zu der wichtigen Einsicht, daß eine bestimmte Verhaltensweise (autoritär, freundlich, schüchtern usw.) immer auf einer sozialen Beziehung zwischen mindestens zwei Personen beruht. Solche sozialen Beziehungen beziehungsweise deren Verlauf bezeichnet man als Interaktionen, und da die Art dieser Interaktionen auch das Verhalten und die Leistung von Gruppen bestimmen, muß hier näher darauf eingegangen werden.

Jedes Gespräch zwischen zwei Personen ist eine Kette sprachlicher (verbaler) Interaktionen, bei der man sich gegenseitig gewissermaßen die Bälle zuspielt. Man sieht sofort, daß die Art des Zuspiels durchaus unterschiedlich sein kann. »Hör auf zu reden!«, »Stillgestanden!«, »Hierher!« — hinter solchen Äußerungen steht eine sehr einseitige (asymmetrische) Interaktionsform, bei der meist einer der beiden Partner der mächtigere ist. Aber auch ein bloßes Nicht-Hinhören oder ein

Jedes Gespräch zwischen zwei Personen gleicht einem mehr oder weniger geschickten Ballspiel!

Nr.	Gegenstand	Bemerkung
15.	Streichhölzer	Wenig oder kein Nutzen auf dem Mond
4.	Lebensmittelkonzentrat	Täglicher Nahrungsbedarf
6.	Fünfzig Fuß Nylonseil	Nützlich, um Verletzte zu leiten und zum Klettern
8.	Fallschirmseide	Sonnenschutz
13.	Tragbares Heizgerät	Nur auf der dunklen Seite notwendig
11.	Zwei 0,45 Kal. Pistolen	Mit ihnen könnten Antriebsversuche gemacht werden
12.	Trockenmilch	Nahrung, mit Wasser gemischt trinkbar
1.	Zwei 100-Pfund-Tanks Sauerstoff	Zum Atmen notwendig
3.	Stellar-Atlas (Mondkonstellation)	Eines der wichtigsten Hilfsmittel, um Richtungen zu bestimmen
9.	Sich selbst aufblasendes Lebensrettungsfloß	CO_2-Flaschen (zum Aufblasen des Floßes) als Antrieb zum Überwinden von Klüften etc.
14.	Magnetkompaß	Wahrscheinlich kein polarisiertes Magnetfeld auf dem Mond, daher nutzlos
2.	Fünf Gallonen Wasser	Ersetzt Flüssigkeitsverlust, der durch Schwitzen entsteht
10.	Signalleuchtkugeln	Notsignal, wenn man in Sichtweite ist
7.	„Erste-Hilfe"-Koffer mit Injektionsnadeln	Wertvolle Tabletten oder Injektionen
5.	Mit Sonnenenergie angetriebener UKW-Sender/Empfänger	Notsignal-Sender; vielleicht ist Kommunikation mit dem Mutterschiff möglich

Übergehen einer Äußerung in der Hitze des Gefechts ist eine Form nicht-sprachlicher (non-verbaler) Interaktion, die eine erfolgreiche Teamarbeit sehr behindern kann. Auf Seite 36 finden Sie deshalb einen Beobachtungsbogen, der das »soziale Auge« der NASA-Spieler für ihre in der Teamarbeit überwiegend angewendete Interaktionsweise schärfen soll.

Test: Wie arbeite ich im Team?

Diesen
Beobachtungsbogen
können Sie
für viele Spiele
verwenden!

Den Beobachtungsbogen auf Seite 36 können Sie nicht nur für das NASA-Spiel, sondern auch für viele andere Spiele und Übungen dieses Buches verwenden, in denen Gruppen bestimmte Arbeitsaufgaben zu lösen haben. Sie können ihn als eine Art Spiegel benutzen, in dem sich jedes Gruppenmitglied mit den Augen der anderen betrachten kann. Zunächst bekommt jedes Gruppenmitglied eine Nummer. Dann beantwortet jeder (für sich allein) die Fragen A, B und C und trägt die Ergebnisse in die Tabelle ein. Dabei ist jeweils nur eine (+/−) Wahl möglich.

Stellen Sie dann fest, wer unter A, B und C die meisten und wer die wenigsten Plus- und Minuspunkte bekommen hat.

Jetzt wäre es wichtig, die Frage zu stellen, warum ein Mitglied für beweglich und vielseitig, ein anderes dagegen für dominierend gehalten wird. Bei der Lösung von Aufgaben im Team kann man im Verhalten der Teammitglieder zueinander folgende drei Formen unterscheiden: selbst-orientiertes Verhalten, interaktions-orientiertes Verhalten und aufgaben-orientiertes Verhalten. Prüfen Sie in der Spielauswertung einmal nach, wie diese drei Verhaltensweisen dazu beitragen, daß einzelne Gruppenmitglieder von der Gruppe als dominant (A), helfend (B) oder beweglich (C) gesehen werden.

Sicher werden Sie sich Gedanken darüber gemacht haben, warum einige Gruppen beim NASA-Spiel besser abgeschnitten haben als andere. Diskutieren Sie darüber, wie das selbst-, interaktions- oder aufgaben-orientierte Verhalten der Gruppenmitglieder die Leistung des Teams beeinflußte!

A.
Wer hat bei der vergangenen
Gruppenarbeit am meisten (+)/
am wenigsten (—) zu
beeinflussen versucht?

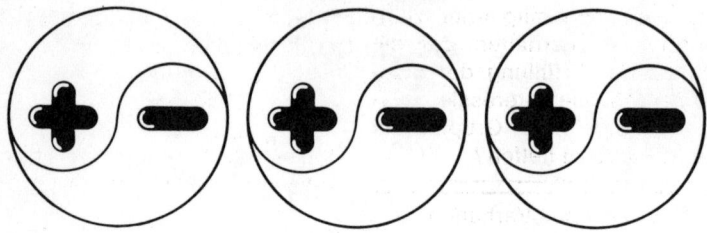

B.
Wer hat bisher der Gruppe
am meisten (+)/ am wenigsten (—)
geholfen, ihre Aufgabe
zu erfüllen?

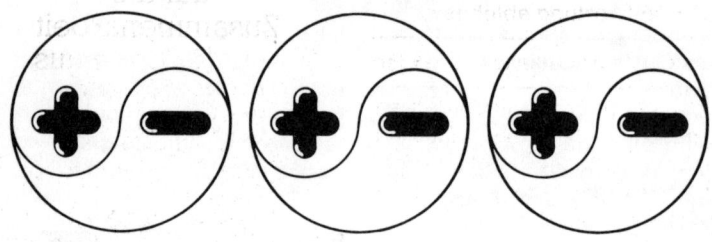

C.
Wer war das
beweglichste und
vielseitigste Gruppenmitglied
(+)/wer das unbeweglichste (—)?

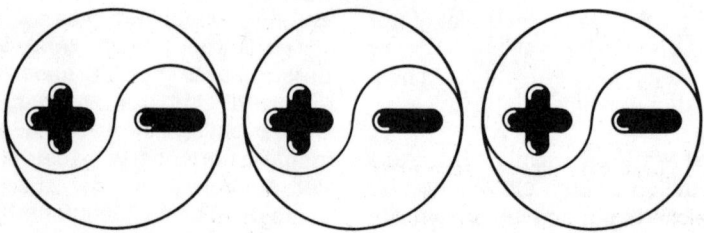

Verhalten in einer Arbeitsgruppe

Selbst-orientiertes Verhalten

Welche Gruppenmitglieder zeigten durch ihr Verhalten, daß sie mehr an der Erfüllung der eigenen Bedürfnisse interessiert waren als daran, der Gruppe bei ihrer Aufgabe zu helfen?

Beobachtetes Verhalten:
Versuche,
die Diskussion zu beherrschen,
andere unterbrechen,
nicht zuhören können,
übererregt und empfindlich reagieren,
über Argumente hinweggehen,
Verantwortung ablehnen.

Interaktions-orientiertes Verhalten

Welche Gruppenmitglieder waren hauptsächlich an den anderen Gruppenmitgliedern interessiert und haben ihnen geholfen, wirksam zusammenarbeiten zu können?

Beobachtetes Verhalten:
andere ansprechen,
andere in die Diskussion hineinziehen,
Vermitteln bei unterschiedlichen Meinungen,
Aufgreifen und Beachten guter Beiträge,
Spannungen erleichtern,
Kooperation ermutigen.

Aufgaben-orientiertes Verhalten

Welche Gruppenmitglieder richteten ihr Hauptinteresse darauf, die Gruppenaufgabe zu lösen?

Beobachtetes Verhalten:
Arbeitsprozesse in Gang bringen,
Informationen mit anderen teilen,
Meinungen vertreten,
Organisieren,
Probleme klären,
zusammenfassen,
Übereinstimmung feststellen.

Ein interaktions-orientiertes Verhalten wirkt sich positiv auf die Zusammenarbeit einer Gruppe aus.

Mitteilungen

Bei einer selbstkritischen Überprüfung Ihres eigenen Verhaltens im Team werden Sie vielleicht feststellen, daß in Ihrem Interaktionsstil — also in der Art, wie Sie mit den anderen umgehen — eine der drei oben beschriebenen Verhaltensweisen besonders stark vertreten ist. Ideal wäre eine möglichst gleichmäßige Mischung selbst-orientierten, interaktions-orientierten und aufgaben-orientierten Verhaltens in einer Arbeitsgruppe.

Besonders am Anfang wird aber meist ein selbst-orientiertes Verhalten der einzelnen Gruppenmitglieder überwiegen und besonders das Eingehen auf die anderen (interaktions-orientiertes Verhalten) vernachlässigt. Persönliche Bedürfnisse (Bedürfnis nach Anerkennung und Macht zum Beispiel) können den Arbeitsprozeß eines Teams erheblich behindern. Ein interaktions-orientiertes Verhalten wirkt sich dagegen positiv auf die Zusammenarbeit der Gruppe aus und fördert ein emotionales Klima der gegenseitigen Anerkennung, das der einzelne braucht, um »mitgerissen« zu werden. Beobachten Sie sich daher einmal — etwa bei der nächsten Konferenz — wie sich Ihre Mitteilungen an andere einordnen lassen. Schreiben Sie typische Sätze für selbst-orientiertes, interaktions-orientiertes und aufgaben-orientiertes Verhalten auf, die Sie bei sich und anderen beobachten!

Mitteilung kommt von mit-teilen. In einem echten Gespräch ist der andere nie bloßer Zuhörer, sondern aktiver Partner, der sich die Aufgabe der Kommunikation mit seinem Gegenüber **teilt.** Kommunikation ist also nie eine einseitige Handlung eines Sprechenden, sondern ein Prozeß zwischen Personen. »Verstehen« setzt das »Ein-verständnis« des Zuhörers voraus! Hörer und Zuhörer bilden also stets eine Einheit, deren Funktion vom guten Willen beider Partner abhängt.

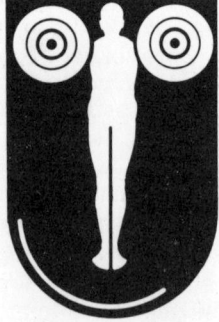

Üben Sie daher bewußt einmal Ihr interaktions-orientiertes Verhalten, indem Sie in der nächsten Zeit verstärkt
**Informationen geben,
aufmerksam zuhören,
die Meinung anderer erfragen,
gute Ideen unterstützen,
Schüchterne ins Gespräch ziehen,
um Rat fragen,
zusammenfassen,
Übereinstimmungen bei unterschiedlichen Meinungen finden.**

3. Entscheidungsprozesse

Geeignete
Kommunikationsmöglichkeiten
spielen in persönlichen
Entscheidungsprozessen
eine große
Rolle.

Während des Zweiten Weltkrieges versuchte man in den Vereinigten Staaten, Mütter von Kleinkindern mit gesünderen Ernährungsmethoden vertraut zu machen. Da es an Frischgemüsen mangelte, sollten die Mütter dazu übergehen, Lebertran und Orangensaft als Babynahrung zu verwenden. Um herauszufinden, wie man am wirksamsten von der neuen Ernährungsmethode überzeugen konnte, wurden zwei verschiedene Arten der Instruktionen ausprobiert. In einer Gruppe wurden die Mütter lediglich in einem Vortrag von 20 Minuten von einem Ernährungsexperten unterrichtet. In der anderen Versuchsgruppe wurde je sechs Müttern zusammen ein zehnminütiger Vortrag gehalten, anschließend gab man ihnen weitere 10 Minuten Zeit, um über das Gehörte zu diskutieren. Wie die anschließende Überprüfung ergab, entschieden

sich nur 40 Prozent der Mütter, die den 20-Minuten-Vortrag gehört hatten, anschließend, ihren Kindern die empfohlenen Nahrungsmittel zu geben. Bei den Gruppen, denen man Gelegenheit zur Diskussion gegeben hatte, waren es dagegen 90 Prozent!

Wir haben eben gesehen, wie wichtig eine gute Kommunikation für die Leistung einer Gruppe ist — dieser Versuch macht nun überzeugend klar, daß geeignete Kommunikationsmöglichkeiten auch in Entscheidungsprozessen eine große Rolle spielen. Zu einem Entscheidungsprozeß gehört ja nicht nur das Lösen des Sachproblems und die dazu notwendige Kommunikation des Teams. Nach Möglichkeit sollen die Beteiligten auch von der Richtigkeit einer Entscheidung überzeugt sein und sie vertreten!

Auch bei gleichen
Interessen
gibt es in jedem
Team zunächst
Konflikte!

Man darf nie vergessen, daß vor jeder Entscheidung in einem Team zunächst unterschiedliche Meinungen und damit auch Konflikte bestehen. Oft sind nicht nur die Meinungen darüber, wie ein Ziel zu erreichen sei, verschieden — es bestehen auch über das Ziel selbst recht unterschiedliche Auffassungen. Bevor man sich einigt, wie man am schnellsten ins Kino oder ins Theater kommt, muß man sich ja erst darüber klar wer-

den, ob man nun ins Kino oder ins Theater geht! Aus den unterschiedlichen Interessenlagen resultieren dann, je nach der Bedeutung des Ziels, entsprechende Machtkämpfe. Um das zu verhindern, sollte man in Entscheidungsdiskussionen methodisch vorgehen:

Das Ziel und die Mittel zum Erreichen des Ziels müssen genau bestimmt werden.

(Was wollen wir erreichen?
Wie wollen wir es erreichen?)

Man muß sich über Kriterien
einigen, nach denen die
Lösungen bewertet werden sollen.
(Wie entscheiden wir.
ob eine Lösung für unser Problem
geeignet ist? Können wir
einen Maßstab für die Eignung
finden?)

Die unterschiedlichen
Interessenlagen, Zielvorstellungen
und Bewertungskriterien
müssen jedem klar sein.
(Was will jeder einzelne
eigentlich mit der Lösung
erreichen? Warum ist
die Entscheidung für ihn wichtig?)

Alle verfügbaren Informationen,
die für die Lösung des
Problems wichtig sind, müssen
gesammelt werden.
(Welche Informationen
sind wichtig,
welche relativ unwichtig für unsere
Entscheidung?)

Nach der Wahl der Lösung muß
die Bereitschaft jedes einzelnen,
sich hinter diese Entscheidung
zu stellen, sichergestellt werden.
(Waren alle ausreichend am
Zustandekommen der Lösung
beteiligt? Sind wir alle überzeugt,
eine gute Lösung gefunden
zu haben?)

Oft fangen nach einer Entscheidung die Schwierigkeiten erst an:
wenn diese nämlich durchgesetzt

werden soll! Aus den Ergebnis-
sen des Ernährungsexperiments
können wir noch eine wichtige
Grundregel ableiten:

Menschen werden von Entschei-
dungen dann am wirksamsten
überzeugt, wenn man ihnen
Gelegenheit gibt, sich am
Entscheidungsprozeß (z. B. in einer
Gruppe) selbst zu beteiligen.
Anweisungen von sogenannten
»Autoritäten« (Experten,
Vorgesetzten) sind weitaus weniger
motivierend als die Überzeugungs-
kraft einer Gruppe!

Das Ziel
und die Mittel
zum Erreichen des Ziels
müssen genau
bestimmt werden.

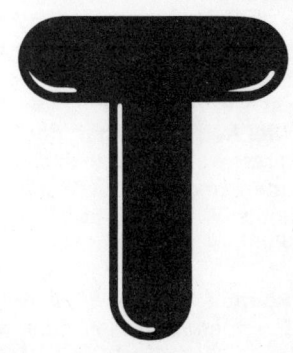

„Mipps und Wors" – Wie lösen wir Probleme?

Wie verhält sich
eine Gruppe
bei der Lösung
eines Problems,
wenn jedes
Gruppenmitglied nur
Teilinformationen
für die Lösung
besitzt?

Im NASA-Spiel haben Sie einiges darüber gelernt, wie sich Gruppen in Entscheidungssituationen verhalten. Jetzt wird es etwas schwieriger:

Wie verhält sich eine Gruppe ohne offiziellen Gruppenleiter bei der Lösung eines Problems, wenn jedes Gruppenmitglied nur Teilinformationen für die Lösung besitzt, die untereinander ausgetauscht werden müssen? Wir haben die Aufgabe sogar noch etwas erschwert: Einige der Informationen sind für die Lösung des Problems wichtig, andere dagegen völlig nebensächlich!

Sie können »Mipps und Wors« mit Gruppen zwischen fünf und zehn Personen spielen. Am besten bilden Sie mehrere Gruppen, die miteinander konkurrieren. Gewonnen hat die Gruppe, welche zuerst fertig ist. Zunächst müssen Sie jede der Fragen und Antworten auf der übernächsten Seite auf kleine Kärtchen schreiben. Für jede Gruppe brauchen Sie einen Satz von 26 Karten. Wir wünschen Ihnen viel Spaß beim Spielen!

Spielregeln:

Nehmen Sie an, daß Lutts und Mipps neue Längenmaße sind, und daß Dars, Wors und Mirs neue Einheiten für die Zeitmessung darstellen, die heute allgemein verwendet werden!
Ein Mann fährt von der Stadt A durch die Stadt B und Stadt C nach Stadt D. Die Aufgabe Ihrer Gruppe ist es zu bestimmen, wieviel Wors der Mann für die Fahrt von A nach D benötigt. Die Gruppe, welche zuerst die Lösung findet, hat gewonnen. Wenn es nur eine Gruppe gibt, darf sie nicht länger als 20 Minuten zur Lösung der Aufgabe brauchen!

Die Gruppenmitglieder setzen sich im Kreis zusammen. Die Karten mit den Fragen und Antworten werden gemischt und reihum an die Gruppenmitglieder verteilt. Sie dürfen die Informationen auf den Karten mündlich untereinander austauschen, aber jedes Gruppenmitglied darf seine Karten die ganze Zeit über nicht aus der Hand geben! Sie dürfen auch keinen offiziellen Gruppenführer wählen! Fangen Sie an, wenn allen die Spielregeln klar sind und alle Karten verteilt sind. Wenn Sie neben dem Spiel noch etwas über ihr eigenes Verhalten beim Lösen dieser Aufgabe erfahren wollen, können Sie wieder den Beobachtungsbogen auf Seite 36 verwenden. **Die Lösung** finden Sie unten.

Lösung:
Der Mann fährt von A nach D in 23/30 Wors.

Wie weit ist es von A nach B?	Ein Wor hat 5 Mirs.
Es ist 4 Lutts von A nach B.	Was ist ein Mir?
Wie weit ist es von B nach C?	Ein Mir ist eine Zeiteinheit
Es ist 8 Lutts von B nach C.	Wieviel Mirs hat eine Stunde?
Wie weit ist es von C nach D?	Eine Stunde hat 2 Mirs.
Es ist 10 Lutts von C nach D.	Wie schnell fährt der Mann von A nach B?
Wie groß ist ein Lutt?	Der Mann fährt von A nach B mit einer Geschwindigkeit von 24 Lutts per Wor.
Ein Lutt hat 10 Mipps.	Wie schnell fährt der Mann von B nach C?
Was ist ein Mipp?	Der Mann fährt von B nach C mit einer Geschwindigkeit von 30 Lutts per Wor.
Ein Mipp ist ein Längenmaß.	Wie schnell fährt der Mann von C nach D?
Wieviele Mipps hat ein Kilometer?	Der Mann fährt von C nach D mit einer Geschwindigkeit von 30 Lutts per Wor.
Ein Kilometer hat 2 Mipps.	
Was ist ein Dar?	
Ein Dar sind 10 Wors.	
Was ist ein Wor?	

Arbeit im Team
erfordert vor allem
eine sinnvolle
Verteilung der
Aufgaben.

Haben Sie bemerkt, wie schwierig die Weitergabe und die Verknüpfung von Informationen in einer Gruppe sein kann? Bei unserem Spiel handelt es sich noch um eine einfache Aufgabe – das Ziel ist klar definiert, und die Gruppe hat zusammen alle Informationen, um die Aufgabe lösen zu können. Aber selbst solche verhältnismäßig einfachen Probleme erfordern die Bereitschaft zur Zusammenarbeit und vor allem eine sinnvolle Verteilung der Aufgaben zwischen den einzelnen Gruppenmitgliedern – selbst wenn Ihnen dies während des Spiels nicht so bewußt geworden ist. Wenn diese Verteilung der Aufgaben nicht gelingt (wenn beispielsweise alle gleichzeitig die Gruppe führen und Anweisungen erteilen wollen), dann endet eine Teamarbeit oft in totaler Verwirrung.

Warum ist die Frage der Aufgabenverteilung in einer Gruppe überhaupt ein Problem? Hier spielt wieder das selbst-orientierte Verhalten eine entscheidende Rolle. Jeder, der in einem Team mitarbeitet, gibt zunächst etwas von den Freiheiten des Einzelgängers auf. Die anderen Teammitglieder erscheinen ihm daher anfangs wie Löwenbändiger, gegen die man sich behaupten muß und gegen die man seine persönlichen Wünsche zu verteidigen hat.

Auf der anderen Seite besteht aber auch das Bedürfnis, von den anderen akzeptiert und in die Gruppe aufgenommen zu werden. Die Grundregel für erfolgreiche Gruppenarbeit lautet also: Es muß gelingen, die beiden zunächst gegensätzlichen Bedürfnisse der Gruppenmitglieder nach Behauptung und Anpassung zur Deckung zu bringen. Am besten ist es natürlich, wenn die Gruppenmitglieder die Bedürfnisse der Gruppe zu ihren eigenen machen, sich also mit der Gruppe identifizieren.

Wie erreicht man diese Identifikation? Zunächst sollte man daran denken, daß der Mensch tatsächlich in vielen Bereichen seines Denkens und Handelns ein »Gewohnheitstier« ist. Neue Ziele, neue Aufgaben stören in den eingefahrenen Geleisen. Wir kennen alle die »Killerphrasen« (Seite 58), die ein Zeichen für den unbewußten Versuch sind, das unbequeme Neue abzuwehren. Neues mag man eigentlich nur, wenn es von einem selbst kommt. Dies ist der Schlüssel zur Motivation!

So motiviert man Gruppen:

Bei neuen Ideen und Aufgaben
an Bekanntes anknüpfen.
Gemeinsame Überzeugungen
herausstellen.
Jedem Teammitglied möglichst oft
Gelegenheit geben, sich aktiv
mit dem Neuen zu befassen.
Jedes Teammitglied integrieren,
also ein möglichst hohes Maß
an Eigeninitiative ermöglichen.
Jeder muß mitmachen können!
Die Aufgaben sinnvoll verteilen.

Gründe für schlechte Gruppenarbeit:

Kein methodisches Vorgehen in
der Arbeit.
Unzureichende Kenntnis der sich
in Gruppen abspielenden Prozesse.
Mangelnde Rollenverteilung.
Unklare Problemformulierung
verhindert Identifikation.
Konkurrenzdenken der
Teilnehmer.
Mangelnde oder unterdrückte
Kommunikation.
Dominanter oder autoritärer
Führungsstil.
Die Gruppe ist zu groß und die
Integration der Mitglieder
wird dadurch erschwert.

ICH... DU... ER...

Ich-Aussagen
schaffen Kontakt
statt Distanz!

**Ein paar Regeln für bessere
Kommunikation**

»Der Unterzeichnete ersucht den
Herrn Vorsitzenden...« — hier
verrät die Sprache mehr, als dem
Absender des Briefes wohl bewußt wird. Bisher haben wir verschiedene **Arten** von Kommunikation beziehungsweise Interaktion
untersucht, die man in einer
Gruppe beobachten kann — betrachten wir nun den **Inhalt** genauer!
Der obige Satz scheint gar nicht
an einen bestimmten Menschen,
sondern lediglich an den Inhaber eines bestimmten Amtes gerichtet zu sein. Und der Brief wird
ja auch nicht von einem »Menschen« abgeschickt, sondern von
einem gewissen »Unterzeichne-
ten« — man spürt, daß die Beziehung zwischen Vorsitzendem und
Unterzeichnetem sich streng nach
dem richtet, was zulässig, behörd-
lich geregelt oder in Paragraphen
festgehalten ist.

Nicht an die Person, nur an die
Funktion ist der oben beschriebene Brief gerichtet. Die Kommunikation bezieht sich hier auf den
Bereich der gerade gewünschten
Eigenschaften, **ich selbst** (als
ganzer Mensch) habe eigentlich
nichts damit zu tun. »Was hat er
mir zu berichten, sage er es!« —
das ist die Sprache der Könige,
der Überlegenen, der **Distanzier-
ten!** Distanz macht sich unter anderem also auch im Inhalt der
Kommunikation bemerkbar. Mit
manchen Menschen kann man
tagelang zusammenarbeiten und
sich sogar lebhaft unterhalten,
aber man hat doch das Gefühl,
nicht an sie »heranzukommen«.

Worte, die andere auf Distanz
halten, sind zum Beispiel: »Man
müßte doch eigentlich...«, oder
»Ich glaube, er sollte uns jetzt sagen, warum...«. Was ist beiden
Sätzen gemeinsam? Hier wird
keine Person direkt angesprochen, und damit gebe ich aber
auch keinem anderen Gelegenheit, eine Beziehung mit mir aufzunehmen, mir direkt zu antworten. Außerdem lasse ich erkennen, daß ich eigentlich keine Ver-

antwortung für das, was ich sage, übernehmen will:» Man müßte...«.

Formulieren wir die Sätze einmal um! »Du müßtest doch eigentlich...« — »Bitte sag uns jetzt, warum...« — auch die Du-Anrede wirkt noch ziemlich einseitig: Ich mache lediglich eine Aussage über einen anderen, stelle eine Behauptung auf, deren »Objektivität« keine Erwiderung zuläßt (»Du bist unverschämt!«). Bei uns gilt es als unhöflich, einen Satz mit dem »Ich« anzufangen. Aber versuchen wir es einmal: »Ich habe den Eindruck, Du müßtest...«, »Ich interessiere mich dafür, warum Du...«, »Ich fühle mich von Dir gekränkt, weil...« — solche Informationen stellen eine direkte Beziehung zu anderen Menschen her, denn sie enthalten eine Aussage über mich selbst (erinnern wir uns an das Fenster mit dem blinden Fleck!) und geben dem anderen Gelegenheit zu einer direkten Erwiderung. Wir lassen ihn nicht allein mit einer unverbindlichen Behauptung.

Sie haben gesehen, wie der Inhalt einer Kommunikation oft entscheidend den Grad an Kontakt oder Distanz ausdrückt, den der Sprecher unbewußt zu den Personen hat, mit denen er spricht. Versuchen Sie daher in Ihrem nächsten Gespräch einmal ganz bewußt, alle Sätze, die sich an andere richten, mit einer Ich-Aussage zu beginnen! Das ist auch bei Fragen möglich: Statt »Kannst Du mir bitte sagen...« formulieren Sie »Eine Sache ist mir noch nicht klar. Bitte sage mir...«. Es wird dem anderen dann leichter fallen, mit Ihnen in Beziehung zu treten.

Ihre Ich-Aussagen sollen aber echte Informationen über Sie selbst enthalten! Sagen Sie also nicht: »Ich glaube, Du bist unverschämt!«, sondern: »Ich fühle mich von Dir gekränkt, weil Du...«.

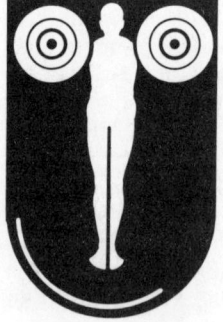

Übungsaufgabe:
Schreiben Sie sich »Man«- und »Du«-Sätze auf, die Sie häufig gebrauchen, und formulieren Sie diese Sätze in »Ich«-Sätze um. Durch diese Übung stärken Sie Ihr Gefühl für Kontakt und Distanz in einer Gesprächssituation.

4. Die Gruppe als Kreativitätsfaktor

Kreativität
ist die Fähigkeit,
aus bekannten
Informationen
neue Kombinationen
zu bilden.

Das einsame Genie im engen Studierstübchen steht auch heute noch vor unserem geistigen Auge, wenn wir von einem schöpferischen Menschen sprechen. Der Leistungsvorteil der Gruppe dem einzelnen gegenüber ist aber offensichtlich; man muß sich daher fragen, ob dies nicht auch für die Bewältigung kreativer Aufgaben gilt.

Was ist Kreativität eigentlich? »Die Fähigkeit, etwas Neues zu schaffen«. Diese Definition macht es sich etwas zu einfach: Auch Goethe bediente sich bekanntlich einer vorhandenen Sprache. Ohne die gleichzeitigen und früheren Leistungen anderer wäre kein schöpferischer Prozeß möglich. Man muß Kreativität also genauer definieren — als die Fähigkeit, aus **bekannten** Informationen **neue** Kombinationen und Systeme zu bilden. Jede neue Erfindung baut auf schon bekannten Tatsachen auf — nur sind diese in einer neuartigen Weise angewendet worden.

Die bekannte Geschichte von jenem U-Boot-Matrosen, der einfach seinen Kaugummi zum Abdichten einer lecken Leitung verwendete und damit der Besatzung das Leben rettete, zeigt aber auch, daß in jedem Menschen kreative Fähigkeiten stecken. Der »Erfinder« des »morphologischen Kastens« (einer Technik zur kreativen Problemlösung), Zwicky, sagt daher: »Jeder Mensch ist ein Genie — unersetzlich, einzigartig und unvergleichlich!«

Warum gibt es aber einige Menschen, die uns unersetzlicher und unvergleichlicher als andere erscheinen? Meist sind es Menschen, die das Wort »unmöglich« etwas weniger oft als andere gebrauchen. Im letzten Jahrhundert gab es genügend Physiker, die uns z. B. »bewiesen«, daß Fliegen mit von Menschen erbauten Maschinen unmöglich sei. Mangelnde Vorstellungskraft und eingefahrene Gewohnheiten blockieren oft unser Denken. Unsere Alltagserfahrungen werden schnell zu Verallgemeinerungen. Wir bilden Begriffe und Kategorien und teilen damit unsere Umwelt ein. Deshalb sind Kinder meist viel kreativer als Erwachsene. Was für den Erwachsenen »nur ein Stück Holz« ist, kann für das Kind (und für den Künstler) zum aufregenden Experimentierungsgegenstand werden.

„Jeder Mensch
ist ein Genie –
unersetzlich,
einzigartig und
unvergleichlich!"

Literatur:
J. Sikora, 1972
P. Hofstätter, 1971, S. 61 f
Ch. Clark, 1967

Das wichtigste Merkmal einer kreativen Persönlichkeit ist Unabhängigkeit von überkommenen Vorstellungen!

Kategorien und Begriffe sind für eine Gesellschaft jedoch notwendig, wenn ihre Glieder sich untereinander verständigen wollen. Die Gesellschaft ist zwar einmal Voraussetzung für die kreative Leistung des einzelnen, auf der er aufbauen kann. Auf der anderen Seite sorgt der Konformitätsdruck der Gesellschaft aber auch dafür, daß aus dem schöpferisch veranlagten Kind der angepaßte Erwachsene wird, der die Dinge sieht, wie man sie „zu sehen hat".

Dazu ein interessantes Experiment von Asch. Die Versuchspersonen mußten dabei unter mehreren Linien verschiedener Länge eine herausfinden, die genau so lang war wie eine bestimmte Vergleichslinie. Allein konnten alle Versuchspersonen diese Aufgabe meist leicht lösen. Stellte man aber eine einzelne Versuchsperson einer (vorher eingeweihten) Gruppe gegenüber, die einstimmig bei mehreren Versuchen meistens falsche Antworten gab, dann stieg die Fehlzahl der Versuchsperson erheblich.

Das wichtigste Merkmal einer kreativen Persönlichkeit ist also **Unabhängigkeit** — Unabhängigkeit von überkommenen Vorstellungen und den Meinungen anderer. Die Arbeit in einer Gruppe kann daher die Kreativität der Gruppenmitglieder negativ oder positiv beeinflussen.

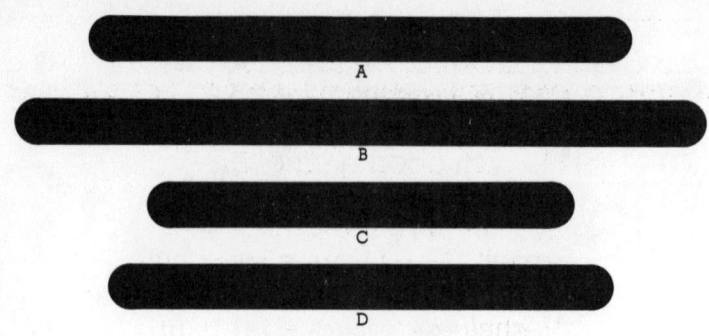

A

B

C

D

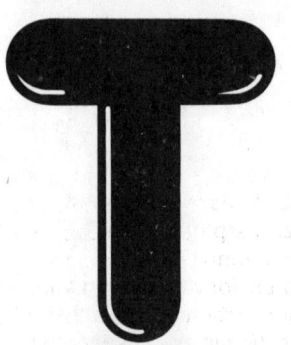

Finden Sie
aus den vier Linien
die heraus,
die genau
so lang ist wie die
Vergleichslinie X!

X

Methode „6 – 3 – 5“

Im „Brainstorming"
werden Denkklippen umschifft,
kreativitätshemmende
Verhaltensweisen abgebaut
und Teamarbeit
demokratisiert.

»Es wird oft mehr Zeit darauf verwendet, eine Idee zu zerpflükken, anstatt sie weiterzuentwikkeln« (Sikora). »Professionelle Ideenbremser« in einer Arbeitsgruppe stecken unser Genie in eine Zwangsjacke. Auf der anderen Seite kann sich unsere schöpferische Eigenart oft erst im Team entfalten. Im Team prallen verschiedene Meinungen und Erfahrungen aufeinander. Wir sind gezwungen, unsere eingefahrenen Denkgewohnheiten aufzugeben; schnell gefaßte Urteile geraten zuerst einmal ins Kreuzfeuer der Kritik.

Wenn ein Team aber nicht zu einer Kampfarena für Einzelgänger werden soll, die lediglich versuchen, ihre eigenen Meinungen durchzusetzen, muß man bestimmte Regeln beachten, die das verhindern. Nach Sikora hat eine solche Technik »Vehikel«-Funktion: mit ihr werden vorhandene Denkklippen umschifft, kreativitätshemmende Verhaltensweisen abgebaut und eine »Demokratisierung« des Teams erreicht — die Chance für alle, schöpferische Fähigkeiten zu entfalten. Ein Team muß also für jeden Teilnehmer ein emotionales Klima des Verstehens und Akzeptierens erzeugen können. Eine geeignete Technik für diesen Zweck ist das bekannte „Brainstorming", was übersetzt etwa »Sturm der Gedanken« bedeutet und damit schon das Grundprinzip andeutet: Die Gedanken und Einfälle der Teilnehmer an einem »Brainstorming« sollen sich frei entwickeln und gegenseitig vorwärtstreiben können. Ideenbremser werden ausgeschlossen!

Die Grundregeln eines »Brainstorming«

1.
Kritik ist grundsätzlich
verboten.

2.
Jede Idee ist erlaubt.
Je phantastischer, desto besser.

3.
Jeder soll soviel Ideen
wie möglich entwickeln.

4.
Jeder darf die Ideen der
anderen aufgreifen und weiterentwickeln.

5.
Jede Idee ist als Leistung des Teams,
nicht eines einzelnen zu betrachten.

In einer »Brainstorming«-Sitzung können fast alle Probleme behandelt werden: von der Urlaubsplanung bis zur Entwicklung eines neuen Produkts. Um ein »Brainstorming« jedoch erfolgreich zu machen, muß man ein paar Regeln beachten. Zuerst sollte das Problem exakt formuliert werden. Dabei sind »Schneeschaufelfragen« und »Spatenfragen« zu unterscheiden. Eine Schneeschaufelfrage ist eine unpräzise gestellte Frage, die in der Regel auch nur vage Antworten liefert (»Verbesserung eines Schrauben- zieherhandgriffs«). Eine Spatenfrage enthält dagegen eine präzise Zielformulierung und beginnt meist mit einem »Was« oder »Wie« (Was können wir tun, um einen Schraubenzieherhandgriff so zu gestalten, daß der Schraubenzieher ermüdungsfreier und wirksamer gehandhabt werden kann?«). Nur solche Fragen erlauben hinterher auch eine Kontrolle, ob die gestellte Aufgabe gelöst wurde. Man sollte allerdings darauf achten, daß die Frage nicht zu speziell gestellt wird, um nicht von vornherein die

Lösungsmöglichkeiten zu sehr einzuengen!

Wer soll an einer »Brainstorming«-Sitzung teilnehmen? Aufgrund des oben Gesagten ergibt sich die Antwort von selbst: alle, die mit dem gestellten Problem in irgendeiner Weise zu tun haben. Auch den Laien muß Gelegenheit gegeben werden, auf dem ausgetretenen Pfad der Experten neue Wegweiser aufzustellen. Auch die Größe des »Brainstorming«-Teams ist wichtig. Eine zu kleine Gruppe, besonders wenn sie länger zusammenarbeitet, wird schnell zu einem unkreativen Familienidyll, in dem sich alle einig sind. In einer zu großen Gruppe gehen die Ideen des einzelnen leicht unter. Erfahrungsgemäß arbeiten Gruppen mit acht bis zwölf Teilnehmern am effektivsten.

Besonders bei neuen Gruppen sollte man darauf achten, daß vor jeder Sitzung die fünf Grundregeln des »Brainstorming« noch einmal wiederholt werden. Eine Sitzung sollte nicht mehr als 40 Minuten dauern. Während dieser Zeit sind der Vorsitzende und der Protokollführer die Seele des Teams. Ersterer hat energisch dafür zu sorgen, daß jeder Teilnehmer die Regeln einhält und sogenannte »Killerphrasen« unterbleiben (Seite 58). Die Aufgabe des Protokollführers ist es, jede Idee und jeden Vorschlag festzuhalten.

Oft ist es nicht möglich, die geeigneten Teilnehmer zur gleichen Zeit am gleichen Ort zu einem Brainstorming zusammenzubringen. Hier hat sich die Methode des schriftlichen »Brainstorming« bewährt. Den Ablauf dieser «6–3–5«-Methode finden Sie auf Seite 56.

18 Vorschläge pro Blatt ergeben bei sechs Teilnehmer 108 neue Ideen, von denen sich bestimmt einige verwerten lassen. Natürlich können Sie zur Erprobung zunächst auch etwas bescheidener mit 5–3–4 oder auch 4–2–3 anfangen.

Natürlich kann das Verfahren nicht so spontan gehandhabt werden wie eine richtige »Brainstorming«-Sitzung, auch ist die Anonymität der Ideen nicht mehr völlig gewährleistet. Auf der anderen Seite gibt es jedoch Menschen, die ihre Ideen lieber erst schriftlich fixieren oder Hemmungen haben, sich öffentlich hervorzutun. Für diese Personen ist die Methode des schriftlichen »Brainstorming« geeigneter. Sie läßt sich übrigens auch dann durchführen, wenn die Teilnehmer beieinander sitzen. Probieren Sie es einmal aus, vielleicht im Kreis Ihrer Familie oder bei Freunden. Sie werden verblüfft sein, wieviel phantastische Gedanken man haben kann und welchen Spaß ein kurzes Zwischenspiel »Gedankensturm« macht. Themenvorschläge dazu finden Sie auf Seite 60.

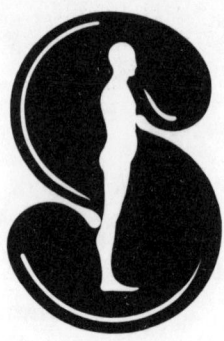

6 Personen schreiben (jeder für
sich allein) zu einem bestimmten
Problem je drei Lösungs-
vorschläge auf ein Blatt Papier.

Diese Blätter werden dann
nacheinander an die übrigen
5 Teilnehmer weitergereicht, so
daß am Ende des Rundlaufs jeder
die Vorschläge aller anderen
in die Hand bekommen hat.

Den Vorschlägen der anderen soll
jeder möglichst **drei** weitere
Ideen hinzufügen.

Es müssen also schließlich auf
jedem Bogen 18 Ideen stehen.
Damit ist der Rundlauf beendet.
Sie haben jetzt 108 Ideen
zur Lösung Ihres Problems!

„Killer-Phrasen" und „Ideenbremser"

Nicht jede Konferenz kann in ein »Brainstorming« umfunktioniert werden. Wenn Sie aber in einer Arbeitsgruppe Probleme erfolgreich lösen wollen, sollten Sie einige Regeln beachten, die man aus dem »Brainstorming« übernehmen kann und die verhindern, daß aus einem Team ein »Verband zur Wahrung gegeneinandergerichteter Einzelinteressen« wird. Gelten auch für Ihre Konferenzen die »Merkmale einer erfolgreichen Gruppe«?

Merkmale einer erfolgreichen Gruppe

● Die Atmosphäre ist entspannt.
● Alle Gruppenmitglieder sind engagiert an der Diskussion beteiligt.
● Die Diskussion ist nicht personen-, sondern sachbezogen.
● Das Arbeitsziel ist klar definiert und wird von allen Gruppenmitgliedern verstanden und akzeptiert.

● Die Atmosphäre ist informell. Jeder Beitrag wird aufgenommen und gewürdigt.
● Alle Ansichten werden diskutiert, keine wird übergangen oder unterdrückt.
● Entscheidungen werden gemeinsam gefällt.
● Alle Teilnehmer können ihre Meinungen offen äußern.
● In der Gruppe herrscht eine klare und von jedem akzeptierte Rollen- und Aufgabenverteilung.
● Der Gruppenleiter ist nicht autoritär oder dominant. Er hat eine Vermittlerfunktion; nicht sein Prestige, sondern die Aufgabe steht im Vordergrund.

Nicht nur Leiter, auch Teilnehmer von Arbeitsgruppen können durchaus dominante Verhaltensweisen zeigen und andere Meinungen unterdrücken. Oft steckt dahinter eine unbewußte Angst vor dem Neuen. Die bekannten »Killer-Phrasen« dieser Ideenbremser beweisen es.

So haben wir das früher doch nicht gemacht . . .

Geht nicht . . .

Keine Zeit . . .

Haben wir schon alles versucht . . .

Dazu sind wir jetzt noch nicht
in der Lage . . .

Alles graue Theorie . . .

Da wäre doch schon früher jemand
draufgekommen, wenn sich
damit etwas anfangen ließe . . .

Zu altmodisch . . .

Zu modern . . .

Darüber läßt sich ein andermal reden . . .

Ich verstehe gar nicht, wo Sie da
Schwierigkeiten sehen . . .

Wir haben doch schon so viele
andere Projekte . . .

Was für ein Phantast ist denn
darauf gekommen . . .

Man weiß doch, das läßt sich
einfach nicht machen . . .

Damit muß sich ein Ausschuß
beschäftigen . . .

Überlegen wir uns das lieber noch
eine Weile, und warten wir
erst die Entwicklung ab . . .

Das geht uns nichts an . . .

Die werden denken, wir sind
nicht ganz bei Trost . . .

Schon wieder Sie mit Ihren . . .

Ich sehe keinen
Zusammenhang . . .

Das ist doch gegen die
Vorschriften . . .

Klingt ja ganz gut, aber ich glaube
nicht, daß das geht . . .

Die Anweisungen lauten doch
ganz anders . . .

Macht nur einen Haufen Arbeit . . .

Das wächst uns noch über den Kopf . . .

Man wird sich aufregen . . .

(Aus: Ch. Clark, 1967, S. 72)

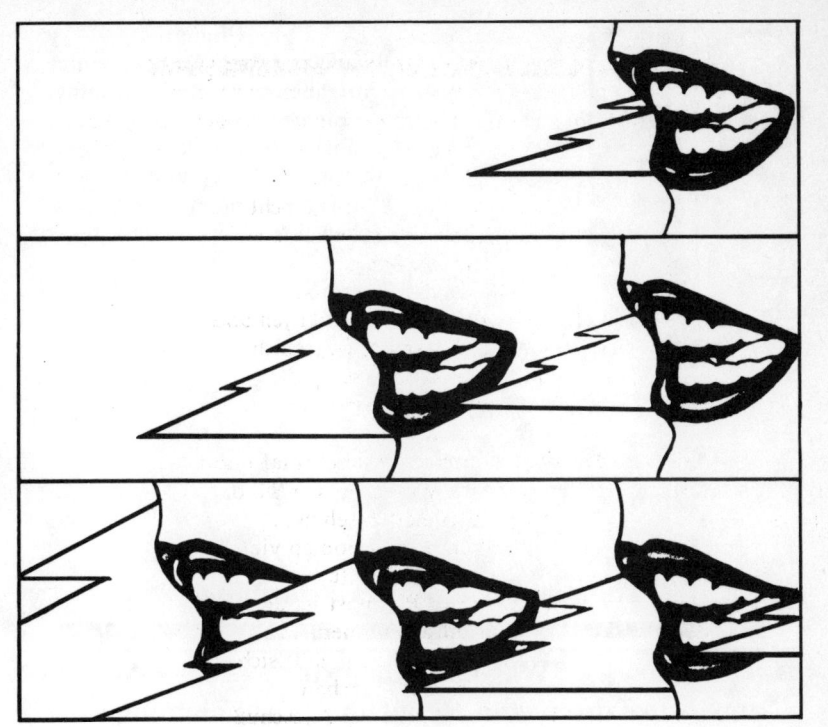

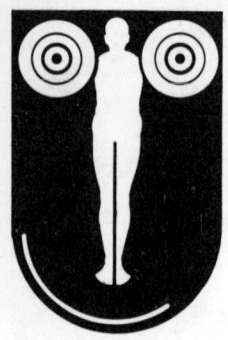

Themen für ein »Brainstorming«

Was kann man tun,
um Autofahrer vom Benutzen ihrer Fahrzeuge –
besonders an Wochenenden, abzubringen?

Wie kann man Grönland als Reiseland
für Touristen attraktiv machen?

Wie begründen wir unserem Chef eine
gewünschte Gehaltserhöhung?

Oder entdecken Sie
neue Verwendungszwecke für bekannte Dinge:

Eine Büroklammer
kann man auch verwenden, um...

Einen Kleiderbügel
kann man auch verwenden, um...

Einen alten Autoreifen
kann man auch verwenden, um...

5. Kooperation

In einer Gruppe
ist nicht nur
die Übereinstimmung
über die Ziele,
sondern auch
die Einigung
über den Lösungsweg
wichtig!

Die Kreativitätsübungen im letzten Abschnitt sollten Ihnen zeigen, wie viele originelle Ideen eine Gruppe entwickeln kann, wenn notorischen Ideenbremsern einmal ein »Maulkorb« umgelegt wird. Sind Sie immer noch nicht überzeugt? Geben Sie dem einsam brütenden Genie noch immer den Vorzug? Dann versuchen Sie einmal, dieses Problem zu lösen: Die neun Punkte auf der nächsten Seite sollen miteinander durch **vier** gerade Linien verbunden werden. Sie dürfen den Bleistift dabei nicht absetzen, das heißt die vier Linien müssen zusammenhängend gezogen werden. Die Linien dürfen sich in keinem Punkt schneiden.
Bevor Sie jetzt weiterlesen, bitte erst probieren! Die Lösung finden Sie auf Seite 77.
Fassen Sie sich jetzt an den Kopf? Den meisten Psychologen ist dieses Problem übrigens bekannt. Eine Demonstration, wie sehr ausgetretene Denk- und Vorstellungspfade (hier die Gestalt des Quadrats) ungewohnte Problemlösungen verhindern können. Kontakt zu möglichst vielen fremden Gedanken (und Überzeugungen) ist also die beste Garantie gegen den eigenen geistigen Bürokratismus!
Wir haben festgestellt, daß die Identifikation mit dem gemeinsamen Ziel eine Voraussetzung für erfolgreiche Teamarbeit ist. Damit ist aber noch nicht das Problem aus der Welt geschaffen, daß jedes Teammitglied oft glaubt, die beste Lösung für die Erreichung des Ziels zu kennen. Neben einer Übereinstimmung über die Ziele ist also auch eine Einigung (Konsensus) über den Lösungsweg notwendig. Schauen wir uns einmal an, wie eine solche »Einigung« in ungeübten Gruppen vor sich geht.

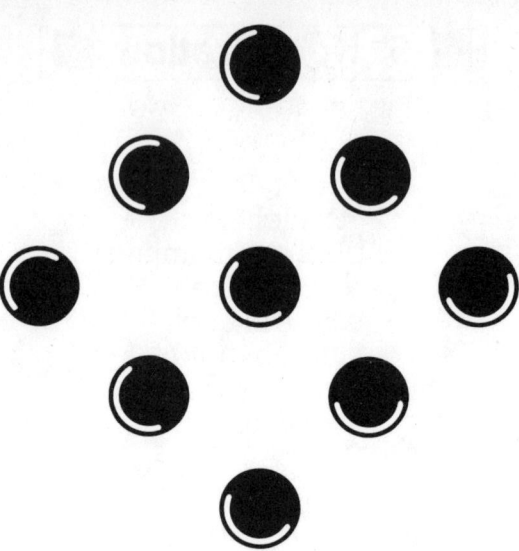

Verbinden Sie
diese neun Punkte
durch vier gerade,
zusammenhängende
Linien!

Welche Art
der Einigung
ist in Ihrer Gruppe
vorwiegend üblich?

● Jemand macht einen Vorschlag. Dieser Vorschlag wird aber bei allgemeinen, heftigen Diskussionen gar nicht beachtet.

● Der Vorschlag wird begeistert aufgenommen; dann hat ein anderer »eine noch bessere Idee«. Der alte Vorschlag wird sofort fallengelassen und nicht mehr auf seine Verwendungsmöglichkeit untersucht.

● In der Gruppe ist ein »Experte«, alle möchten eigentlich widersprechen, aber keiner wagt es, aus Angst, sich zu blamieren.

● Einige haben sich schon vorher über »die beste Lösung« geeinigt (oder entdecken lautstark ihre Einigkeit in der Sitzung) und wollen sich jetzt nur noch die richtigen Bälle zuwerfen. Die übrigen schweigen ergriffen.

● Man gibt sich demokratisch und beschwört als einzig mögliche Lösung eine Abstimmung. Keiner widerspricht, weil er ja nicht »undemokratisch« sein will.

Scheinbar herrscht jetzt allgemeine Übereinstimmung — aber leider wird die »schweigende Minderheit« der Unzufriedenen auf alle möglichen Weisen versuchen, den Mehrheitsbeschluß heimlich zu umgehen. Auch eine Demokratie ist also noch keine unbedingte Garantie gegen die Unterdrückung von Minderheiten. Politiker gebrauchen dann gern Vokabeln wie »Interesse des Volkes«, »das Wohl des Ganzen« usw., um diesen Tatbestand zu verdecken!

In realen Entscheidungsprozessen können wir diese Phänomene oft nur schwer verfolgen. Wir stellen hinterher leicht verwundert fest, daß man eigentlich zusammengekommen war, um zu beraten, ob man besser mit der Bahn oder mit dem Flugzeug nach Spanien gelangt — und dann eine Kreuzfahrt durch die Fjorde Norwegens beschließt! In unserem nächsten Spiel wollen wir untersuchen, warum es oft so schwer ist, in einer Gruppe eine Arbeitsaufgabe zu bewältigen. Spielen Sie daher jetzt das »Spiel der Stummen«: Nehmen Sie Ihr eigenes Kooperationsverhalten einmal kritisch unter die Lupe!

Demokratie
ist keine unbedingte
Garantie gegen die
Unterdrückung
von Minderheiten

Spiel der Stummen

In diesem Spiel ist
jeder auf den anderen angewiesen.
Die Spielregeln nehmen
den Gruppenmitgliedern
alle sprachlichen
und nichtsprachlichen
Waffen aus der Hand.
Keiner kann herrschen,
keiner kann übergangen werden!

Bei diesem Spiel geht es darum, das Kooperationsverhalten von Gruppen zu überprüfen, die unter Streß (hier: Zeitdruck) eine Aufgabe lösen müssen. Zeichnen Sie zunächst die auf den Seiten 66/67 abgebildeten fünf Quadrate auf weißen Karton auf. Alle Quadrate müssen die gleiche Größe (10 x 10 cm) haben. Schneiden Sie dann die einzelnen Teilstücke aus, und zwar so genau, daß die Stücke mit dem gleichen Buchstaben gleich groß sind (damit man sie auswechseln kann). Die Buchstaben dienen nur Ihrer Orientierung, sie sollen **nicht** auf den Quadratteilen erscheinen. Sie be-

nötigen für jede Gruppe je einen Satz von fünf Quadraten. Eine Spielgruppe besteht aus fünf Teilnehmern. Wenn sich die Zahl der Spieler nicht durch fünf teilen läßt, bekommen die übrigen die Aufgabe, den Kooperationsprozeß zu beobachten und darauf zu achten, daß die Spielregeln eingehalten werden. Jeder Teilnehmer einer Spielgruppe erhält jetzt einen Umschlag mit Quadratteilen.

Die Umschläge werden mit den Buchstaben A, B, C, D und E gekennzeichnet und enthalten die folgenden Teile:

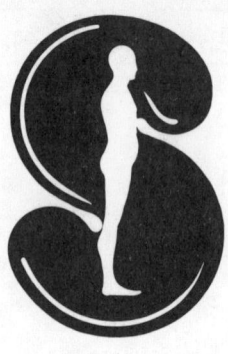

Umschlag A:
i, h, e
Umschlag B:
a, a, a, c
Umschlag C:
a, j
Umschlag D:
d, f
Umschlag E:
g, b, f, c

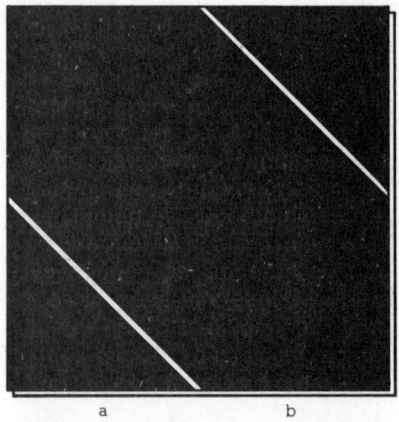

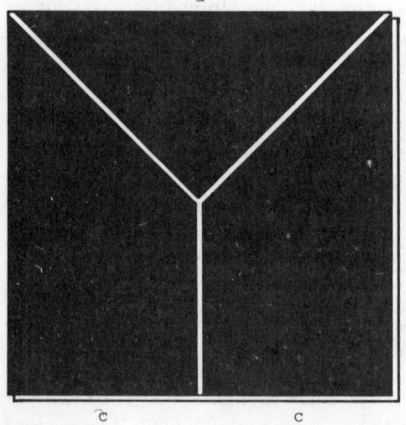

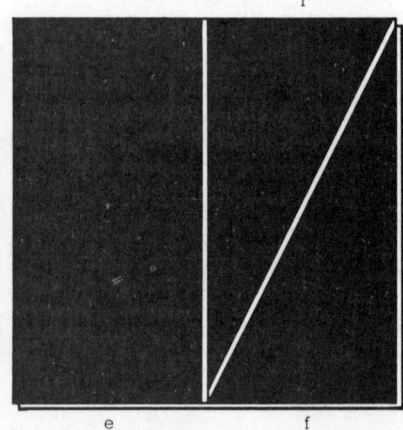

Die einzelnen Stücke sind auf die Umschläge so verteilt, daß kein Gruppenmitglied allein ein ganzes Quadrat zusammensetzen kann.

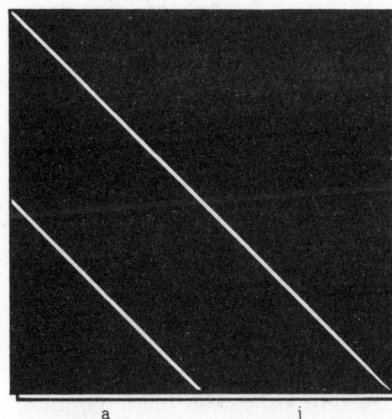

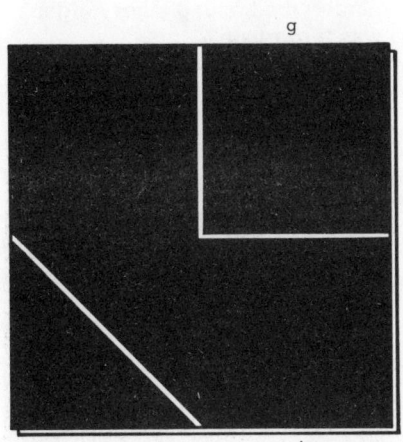

Die Spielregeln:

● Jede Gruppe hat fünf Mitspieler.

● Die Gruppen setzen sich an getrennte Tische, so daß sie sich gegenseitig nicht stören oder beeinflussen können.

● Die fünf Umschläge A, B, C, D, E mit den Quadratteilen werden jetzt an die fünf Mitspieler jeder Gruppe verteilt.

● Auf ein Zeichen des Spielleiters öffnen alle Spieler ihre Umschläge.

● Die Gruppen haben die Aufgabe, aus den vorhandenen Teilstücken fünf **gleich große** Quadrate zu legen. Es lassen sich aus den Teilen auch kleinere Quadrate zusammensetzen!

● Die Aufgabe ist dann beendet, wenn **jedes** Gruppenmitglied ein vollständiges Quadrat vor sich liegen hat.

Nun die wichtigsten Regeln:

● Die Gruppenmitglieder dürfen unter keinen Umständen miteinander sprechen! Sie dürfen auch nicht versuchen, anderen durch Zeichen etwas mitzuteilen.

● Kein Spieler darf sich aus den Figuren der Mitspieler Stücke herausholen oder durch Zeichen andeuten, daß er ein Teilstück benötigt.

● Kann ein Spieler in seiner Figur ein Teilstück nicht verwenden, so muß er es in die **Mitte** des Tisches legen.

● Jeder Spieler darf nur die Teilstücke von Mitspielern nehmen, die von diesen in die Tischmitte gelegt worden sind.

Noch einmal:

Der Spielleiter muß darauf achten, daß unter keinen Umständen gesprochen oder durch Zeichen signalisiert wird!
Sieger ist die Spielgruppe, welche zuerst alle fünf Quadrate zusammengelegt hat.

Spielauswertung:

Sicher werden Sie jetzt fragen, warum die Teilnehmer bei diesem Spiel nicht sprechen dürfen. Das hat einen ganz bestimmten Grund:
In einer Gruppe ohne offiziellen Führer sind die Gruppenmitglieder — zumindest theoretisch — untereinander gleichberechtigt. In der Praxis stellt sich aber meist heraus, daß ein oder mehrere Gruppenmitglieder versuchen, die anderen zu beherrschen. Oft setzen sich dann diejenigen durch, die am besten reden (oder **über**reden) können. Die Stilleren in der Gruppe sind sich manchmal nicht einmal bewußt, daß sie sich von anderen beherrschen lassen, denn die Vielredner haben ja scheinbar alle Sachargumente auf ihrer Seite. Man kann ihnen nichts entgegensetzen. Aber der (unbewußte) Ärger über diese »Besserwisser« macht sich irgendwann Luft, auch wenn sich die Beteiligten der Ursache der dann folgenden Störmanöver nicht bewußt sind.
In diesem Spiel nun können sich die Gruppenmitglieder gegenseitig nicht beherrschen, die Regeln haben ihnen alle sprachlichen und nichtsprachlichen Waffen aus der Hand genommen. Jeder ist auf den anderen angewiesen. Es ist keine Cliquenbildung möglich, keiner kann übergangen werden.
Welche Gefühle und Verhaltensweisen entwickelt eine Gruppe, wenn alle in dieser Weise zusammenhalten müssen? Was behindert die Lösung einer Aufgabe, was fördert sie?
Hinweise für eine anschließende Diskussion (nach T. Brocher):

Wie fühlt man sich, wenn ein
Gruppenteilnehmer ein wichtiges
Teilstück für die Lösung der
Aufgabe festhält, ohne selbst die
Lösung sehen zu können?
Welche Gefühle tauchen auf, wenn
jemand aus der Gruppe sein
Quadrat – allerdings in einer
falschen Form – fertiggestellt hat
und sich dann mit selbst-
zufriedenem Lächeln zurücklehnt?
Was dachten die anderen über
den Selbstzufriedenen?
Wie hat er sich selbst gefühlt?
Welche Gefühle empfand man
gegen Teilnehmer, die die
Lösungsmöglichkeit nicht so
schnell erfaßten?
Wollte man sie lieber hinaus-
werfen oder ihnen helfen?
Wieweit stimmen die während des
Spiels erlebten Gefühle und
Erlebnisse mit ähnlichen
Erfahrungen und Beobachtungen
in der täglichen Arbeit der
Teilnehmer überein?

Beobachtung des Interaktions-Prozesses

Problembereiche:	Beobachtungskategorien:	
A Expressiv-integrativer, sozial-emotionaler Bereich Positive Reaktionen	**1. Zeigt Solidarität:** hebt Status des anderen, spendet Hilfe, verteilt Belohnung.	f) Probleme der Integration.
	2. Zeigt Entspannung: lacht, macht Späße, zeigt sich zufrieden.	e) Probleme der Bewältigung von Spannungen.
	3. Stimmt zu: zeigt passive Anerkennung, begreift, teilt und befolgt Auffassung.	d) Probleme der Entscheidung.
B Instrumentell-adaptiver Bereich, Aufgabengebiet Versuch der Beantwortung	**4. Gibt Empfehlung:** Anleitung, mit Andeutung einer Anerkennung der Autonomie des anderen.	c) Probleme der Kontrolle.
	5. Äußert Meinung: Bewertung, analytischer Befund, zeigt Gefühl, äußert Wunsch.	b) Probleme der Bewertung.
	6. Gibt Orientierung: Auskunft, wiederholt, erklärt, bestätigt.	a) Probleme der Orientierung.

7. **Erfragt Orientierung:**
Auskunft,
Wiederholung,
Bestätigung.

8. **Erfragt Meinung:**
Bewertung,
analytischer Befund,
Kundgabe von Gefühl.

9. **Erfragt Empfehlung:**
Anleitung,
Möglichkeiten des Verhaltens.

10. **Stimmt nicht zu:**
zeigt passive Ablehnung,
zeigt formale Einstellung,
verweigert Hilfeleistung.

11. **Zeigt Spannung:**
verlangt Hilfeleistung, zieht sich zurück.

12. **Zeigt Feindseligkeit:**
mindert Status des anderen,
verteidigt sich,
bringt sich zur Geltung.

C

Instrumentell-adaptiver Bereich,
Aufgabengebiet, Fragen

D

Expressiv-integrativer,
sozial-emotionaler Bereich
Negative Reaktionen

Gruppen-Diagnose

Sicher haben Sie während des »Spiels der Stummen« erkannt, daß einige Bedingungen unbedingt notwendig für eine die Gruppe befriedigende Kooperationsform sind:

● Jedes Gruppenmitglied muß sich darüber klarwerden, wie es am besten zur Lösung des Problems beitragen kann.

● Jedes Gruppenmitglied muß sich bewußt werden, daß auch die anderen mögliche (und wichtige!) Beiträge zur Lösung liefern können.

● Die Gruppenmitglieder müssen individuelle Schwierigkeiten eines anderen in der Gruppe wahrnehmen können, und ihm zunächst helfen, diese Schwierigkeit zu beseitigen, damit er effektiv weiter an der Aufgabe mitarbeiten kann.

Wichtig ist dabei die Art, wie die Gruppenmitglieder untereinander in Kontakt treten (das sogenannte Interaktionssystem der Gruppe).

Der amerikanische Psychologe Robert F. Bales hat für die Beobachtung von Interaktionsprozessen in Gruppen ein System von Beobachtungskategorien entwickkelt. Dieses System haben wir auf Seite 70/71 wiedergegeben. Bales geht davon aus, daß jede Gruppe vor der eigentlichen Bearbeitung ihrer Aufgaben zunächst Probleme der Orientierung, Bewertung und Kontrolle zu lösen hat. (Beim Problemlöseprozeß treten dann die Probleme der Entscheidung, der Bewältigung von Spannungen und der Integration der Gruppe auf.

● Ein **Orientierungsproblem** tritt auf, weil anfänglich die Gruppenmitglieder einen unterschiedlichen Informationsstand haben. Diese Informationen, die für die Lösung eines Problems wichtig sind, müssen zunächst also ausgetauscht werden.

● Dann ergibt sich das Problem, wie diese verschiedenen Informationen **bewertet** werden sollen, d. h. es muß geklärt werden, welche Wichtigkeit bestimmte Tatsachen für die Lösung eines Problems haben.

● Probleme der **Kontrolle** treten auf, wenn die Gruppe einen konkreten Plan zur Lösung einer

Literatur:
T. Brocher, 1969, S. 160 ff
K. Hinst, 1970, S. 55 ff

Aufgabe festlegen muß und Versuche gemacht werden, sich gegenseitig in der Entscheidung zu beeinflussen.

Bales stellte fest, daß die Interaktionsformen 1 bis 6 in seinem Schema die Lösung dieser Probleme fördern, und die Interaktionsformen 6 bis 12 mehr hemmend auf die Gruppe wirken. Um die Arbeitsweise von Gruppen oder deren Mitgliedern zu überprüfen, muß auf einer Liste festgehalten werden, wie oft innerhalb eines bestimmten Zeitraums die verschiedenen Interaktionsformen auftreten. Mit dieser Liste kann man auch überprüfen, ob eine Gruppe Fortschritte in der Art ihrer Zusammenarbeit und der Integration der Mitglieder macht. Die Kategorien 1 bis 6 müßten dann immer stärker zu finden sein.

Das Kategoriensystem von Bales könnte man also als eine Art Diagnoseinstrument des Gruppenforschers bezeichnen. Aber auch das individuelle Verhalten von Gruppenmitgliedern läßt sich damit messen. Ein Unternehmen steht zum Beispiel vor dem Problem, einen wichtigen Posten zu besetzen. Wenn mehrere Bewerber fachlich gleich qualifiziert sind, wird vielleicht die Überlegung wichtig, wer die größte Fähigkeit besitzt, mit anderen zusammenarbeiten zu können. Man läßt dann die Bewerber über ein geeignetes Thema diskutieren. Geschulte Beobachter stellen dabei fest, wie häufig bei jedem Bewerber bestimmte Interaktionsformen auftreten.

Folgender Übungsvorschlag kann daher für Sie unter Umständen sehr wichtig werden!

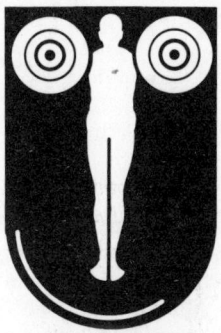

Übungsaufgaben

Schreiben Sie Sätze und Redewendungen nieder, wie Sie sie täglich bei Konferenzen, Arbeitsbesprechungen oder Diskussionen hören können, und ordnen Sie diese Sätze unter eine der Bales'schen Kategorien 1 bis 12 ein. Sie schulen damit Ihre Beobachtungsfähigkeit für Interaktionsformen.

Versuchen Sie, Diskussionen unter Freunden mit einem Tonbandgerät aufzuzeichnen und stellen Sie fest, welche Interaktionsformen hier vorherrschen. Machen Sie eine Diagnose des Diskussionsklimas in Ihrem Bekanntenkreis!

Versuchen Sie selbst bei Diskussionen oder Sitzungen jeweils eine oder zwei der positiven Interaktionsformen (1–6) bewußt stärker als bisher anzuwenden!

6. „Kampf der Geschlechter"

Interessengegensätze
lassen sich auch mit
mathematischen
Methoden lösen!

Wir haben festgestellt, daß auch demokratische Formen einer Einigung nicht unbedingt dazu führen müssen, daß letztlich alle Beteiligten mit dem Ergebnis zufrieden sind. Am besten wäre es natürlich, wenn es zu einer allgemeinen Übereinstimmung käme, so daß sich keiner übergangen fühlen könnte. Dies ist möglich unter der Voraussetzung, daß alle Beteiligten letztlich das gleiche Ziel (Gewinn, Vergnügen usw.) verfolgen.
Betrachten wir jetzt einmal ein Ehepaar, das beschlossen hat, an diesem Abend auszugehen (Ziel). Er möchte ins Kino, Sie dagegen ins Theater. Ein Fall von totalem Interessengegensatz? Keineswegs! Gehen wir davon aus, daß unser Ehepaar noch nicht sehr lange verheiratet ist, so dürfen wir annehmen, daß beide es auf jeden Fall vorziehen, gemeinsam etwas zu unternehmen. Abstrakt gesehen, haben wir hier den Fall einer gemischten Konkurrenz/Kooperations-Situation. In unserem Beispiel sind vier Handlungsalternativen möglich. Das entscheidende ist daher, daß diese Alternativen von den Partnern jeweils unterschiedlich hoch bewertet werden. Wenn es möglich wäre, die Höhe einer solchen Bewertung für beide Partner in »Vergnügungseinheiten« (VE) auszudrücken, könnte diese vielleicht folgendermaßen aussehen:

Man kann diese Alternative auch in einem Entscheidungsfeld mit vier Feldern darstellen, wie es abgebildet ist. Diese Form der Darstellung wird »Entscheidungsmatrix« genannt. Sie ist gut geeignet, die Konsequenzen bestimmter Entscheidungen, an der zwei oder mehr Personen mit gewissen Interessengegensätzen beteiligt sind, deutlich zu machen. Es wurden sogar mathematische Verfahren entwickelt, mit denen man die beste Lösung solcher Entscheidungsprobleme ermitteln kann. Die mathematische »Spieltheorie« untersucht solche Verfahren. Unser Problem ist in der Fachliteratur unter dem Namen »Kampf der Geschlechter« bekannt. Eine wichtige Erkenntnis können wir sofort aus der abgebildeten Matrix ableiten: Versuchen beide Partner,

74

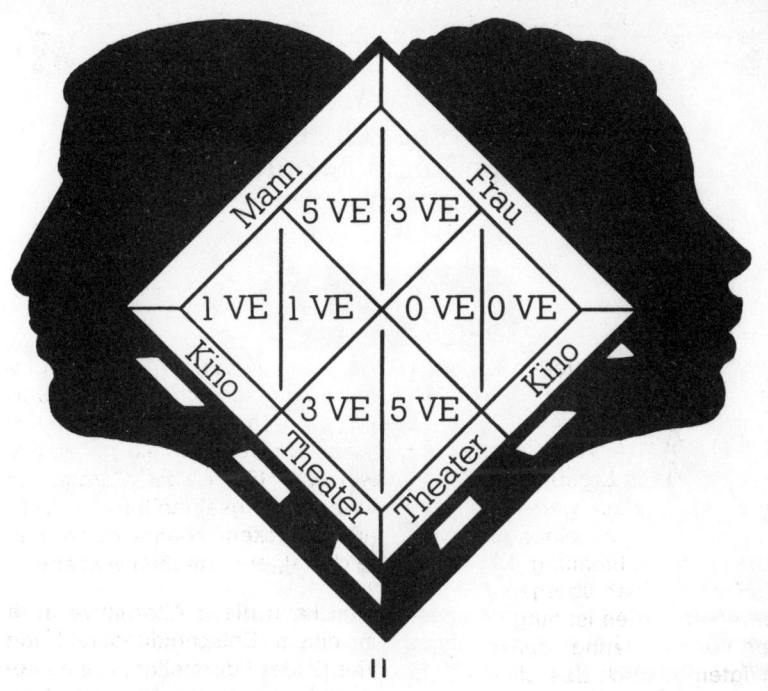

II

Alternative	Mann	Frau
Beide gehen ins Kino	5VE	3VE
Beide gehen ins Theater	3VE	5VE
Mann geht ins Kino, Frau geht ins Theater	1VE	1VE
Frau geht ins Kino, Mann geht ins Theater	0VE	0VE

Wir sitzen
alle im gleichen Boot –
aber jeder möchte
gerne selbst
die Fahrtrichtung
bestimmen!

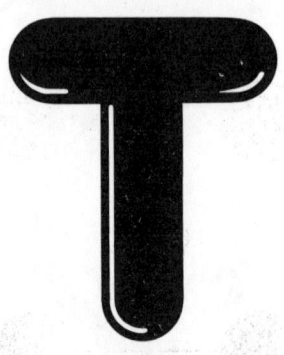

die für sie höchste »Vergnügungs-einheit« zu erreichen und ihren Willen durchzusetzen (Er: Kino = 5 VE; Sie: Theater = 5 VE), dann werden beide schnell die Notwendigkeit einer Kooperation einsehen. Sie erreichen beide sonst nur das Ergebnis 1 VE, weil sie getrennt ausgehen müßten.

Eine wichtige Erkenntnis kann man aus unserem vielleicht etwas konstruierten Beispiel ableiten: Wir sind nicht nur, was das Er-gebnis unserer Entscheidung be-trifft, von der Handlungsweise anderer Menschen abhängig, son-dern beziehen sogar (oder soll-ten es jedenfalls tun!) vor unse-rer Entscheidung die möglichen Handlungsweisen anderer in un-sere Überlegungen mit ein. Über-legen Sie sich spaßeshalber schnell einmal folgendes: Was würden Sie tun, wenn Sie im Schlußverkaufstrubel eines Wa-renhauses plötzlich von Ihrer Frau getrennt würden und nun entscheiden müßten, in welchem Stockwerk Sie auf sie warten wol-len?

Wir wollen eins aus diesen Über-legungen festhalten: Es gibt meist keine Entscheidungen, die für alle Beteiligten gleich optimal sind. Wir sitzen zwar alle »im gleichen Boot«, dürfen aber nicht vergessen, daß eigentlich jeder die Fahrtrichtung verändern möchte. Wer also allzu lautstark »Harmonie« und »Gemeinsam-keit« beschwört, will vielleicht die Tatsache verdecken, daß unsere Welt eine Konfliktwelt ist, in der Ergebnisse und Einigungen meist ausgehandelt werden („Gibst Du mir, dann geb' ich Dir . . .«).

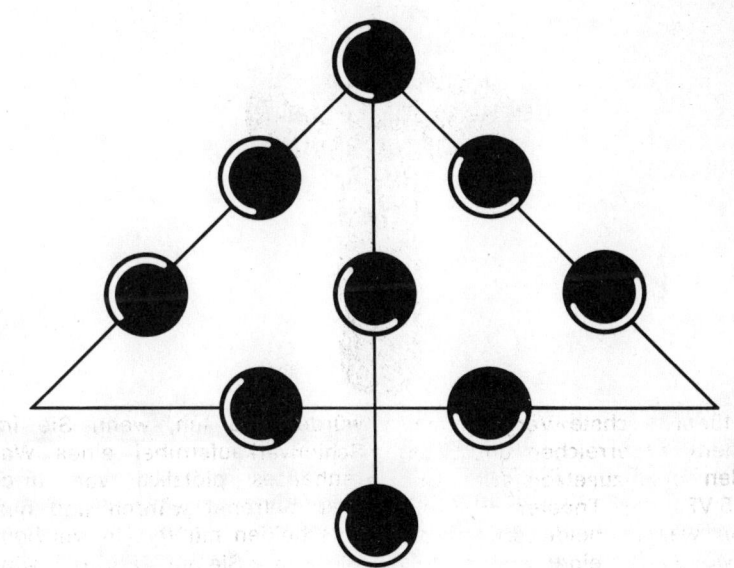

Gefangenen-Spiel

Sie können
in diesem Spiel
viel über Ihr Verhalten in
Konkurrenz-Situationen
aller Art
lernen!

Wir wollen nun unsere theoretischen Überlegungen in unserem nächsten Spiel überprüfen. Es geht in diesem Spiel darum, zu beobachten, wie sich eine Gruppe in Entscheidungssituationen verhält und wie sie entscheidet, wenn sie im Wettbewerb mit einer anderen Gruppe steht. Sie werden gleich sehen, daß jede Gruppe bei ihrer Entscheidungsfindung auch das mögliche Verhalten der »Konkurrenz«-Gruppe beachten muß, wenn sie nicht riskieren will, daß das Ergebnis völlig anders ausfällt als erwartet! Sie können in diesem Spiel viel über Ihr Verhalten in Konkurrenz-Situationen aller Art lernen! Stellen Sie zunächst zwei möglichst gleich große Gruppen zusammen. Diese Gruppen befinden sich jede in der gleichen Lage.

Sie haben gemeinsam mit den Mitgliedern der anderen Gruppe in einem ausländischen Staat eine Revolution geplant, um den dortigen Diktator zu stürzen. Sie sind jedoch alle von der Geheimpolizei des Diktators entdeckt und verhaftet worden. Man hat beide Gruppen im Gefängnis getrennt untergebracht, und Sie haben keine Möglichkeit, Verbindung miteinander aufzunehmen. Eigentlich hat der Ankläger keinen sicheren Beweis, um die Revolutionäre in einem Prozeß zu überführen. Er kann sie aber nur in einem ordentlichen Gerichtsverfahren verurteilen, denn der Diktator fürchtet die Meinung der Weltpresse. Gestehen beide Gruppen nicht, dann können die

Revolutionäre nur wegen illegalen Waffenbesitzes zu einer geringen Freiheitsstrafe verurteilt werden. Der Ankläger will aber ein abschreckendes Exempel statuieren! Er geht daher nacheinander zu den beiden Gefangenengruppen und macht jeder den folgenden Vorschlag:

Am besten sei es für die Gefangenengruppe, wenn sie gestehen würde, der Ankläger ließe sie dann sofort als Kronzeugen frei. Die Gefangenen der anderen Gruppe wären dann überführt und würden zu zehn Jahren Haft verurteilt. Gestehen beide Gruppen, läßt der Ankläger »Milde« walten. Die Revolutionäre beider Gruppen müssen dann mit einer Freiheitsstrafe von sechs Jahren rechnen. Gestehen alle Gefangenen nicht, werden sie dennoch auf jeden Fall wegen illegalen Waffenbesitzes zwei Jahre ins Gefängnis gesteckt.

Jetzt ist natürlich guter Rat teuer! Gestehen oder nicht gestehen — das ist hier die Frage. Denn keine der Gruppen weiß ja, was die andere tut. Gesteht man, und die anderen Revolutionäre tun das gleiche, bekommt man statt der erhofften Freiheit sechs Jahre Haft. Schweigt man und verläßt sich darauf, daß die anderen das gleiche tun, ist die bange Frage: Zwei Jahre wegen illegalen Waffenbesitzes oder zehn Jahre, weil die anderen dem Angebot, Kronzeugen zu spielen und sich damit die Freiheit zu erkaufen, nicht

widerstehen konnten? Lange sitzen die Gefangenen über ihrer Entscheidungsmatrix und beratschlagen ...!

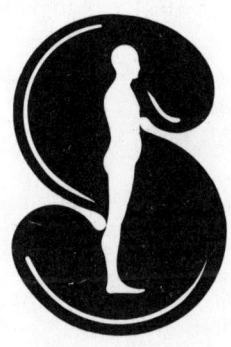

Spielregeln

Für das Entscheidungsdilemma der Gefangenen gibt es keine eindeutige Lösung. Wie verläuft der Entscheidungsprozeß in einer Gruppe in solchen Situationen? Wie ist die Qualität des Ergebnisses von der Form des Entscheidungsprozesses abhängig? Probieren Sie es selbst aus!
Beide »Gefangenen«-Gruppen müssen sich unabhängig voneinander entscheiden, ob sie schweigen oder gestehen wollen. Aus unserer Matrix auf der Seite 81 können Sie dann das Ergebnis für jede Gruppe ablesen. Damit es spannender wird, stellen Sie sich vor, die Gruppen müssen sich am Ende des Spiels mit einem Geldbetrag, der der An-

Gestehen
oder nicht gestehen –
das ist hier
die Frage!

zahl der insgesamt erhaltenen Haft-Jahre entspricht, auslösen (Diktatoren sind ja bekanntlich immer geldgierig!).
Unser Spiel hat insgesamt 30 Runden. Gewonnen hat die Gruppe, die den niedrigsten Geldbetrag aufbringen muß, um sich auszulösen!

Spielrunde 1—10

Jedes Mitglied in den beiden Gruppen entscheidet einzeln, ohne sich mit den anderen Gruppenmitgliedern in Verbindung zu setzen. Nach jeder Runde sammelt der Spielleiter die Zettel ein, stellt getrennt für beide Gruppen die jeweiligen Mehrheitsbeschlüsse fest und gibt diese beiden Gruppen bekannt. Die Gruppen können also nach jeder Runde aus der Matrix ablesen, wieviel Jahre Haft sie und die Konkurrenz-Gruppe jeweils bekommen haben.

Spielrunde 11—20

Nach zehn Runden wird das Spiel etwas abgeändert. Die Gruppen müssen jetzt einen gemeinsamen Beschluß fassen, ob sie schweigen oder gestehen wollen. Der Spielleiter gibt nach jeder Runde die Ergebnisse bekannt (wie oben).

Spielrunde 21—30

Vor der 21., 27. und 30. Runde wählen beide Gruppen je einen Unterhändler. Die Unterhändler können sich vor diesen Runden miteinander in Verbindung setzen, bevor sich die Gruppen entscheiden. Sonst verläuft das Spiel wie bei den Runden 11 bis 20. Nach der 30. Runde werden dann für beide Gruppen die Anzahl der erhaltenen Jahre zusammengezählt und die Sieger ermittelt.

Sie können während des Spiels
beobachten (und anschließend
diskutieren):
**wie bestimmte Entscheidungs-
strukturen (Einzelentscheidung,
Gruppenentscheidung oder
Unterhändler) die Entscheidungen
selbst beeinflussen,
wie bestimmte Gewinnaussichten
die Entscheidungen beeinflussen,
wie eigene Entscheidungen
von Vermutungen über
die Entscheidungen anderer
beeinflußt werden,
wie eine Wettbewerbs-Situation
vom Zwang zur Zusammenarbeit
beeinflußt wird,
welche Probleme sich ergeben,
wenn eine Gruppe einen Vertreter
bestimmen muß.**

Entscheidungsmatrix
Geständnis:
6 Jahre 0 Jahre

Schweigen:
10 Jahre 2 Jahre

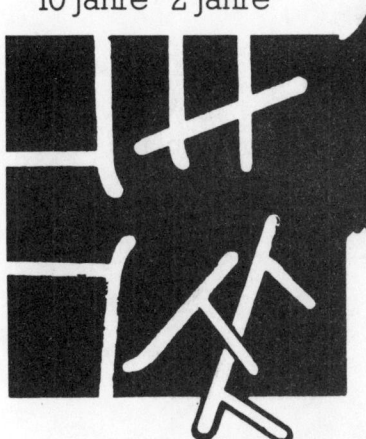

Test: Schlechte Angewohnheiten

Machen Sie
eine kleine Denkpause
und testen Sie
Ihr Kommunikations-
profil!

Sie wissen jetzt schon eine ganze Menge über gutes und schlechtes Kommunikationsverhalten. Aber: Wissen schützt vor Torheit nicht! Machen Sie jetzt einmal eine kleine Denkpause und überprüfen Sie, ob Ihnen die Anwendung des Gelernten in der Praxis gelungen ist. Testen Sie Ihr Kommunikationsprofil! Sie können dabei so vorgehen wie beim Persönlichkeitsprofil. In seinem Buch »Die Tür zum Mitmenschen« fragt R. Moore:

Machen Sie im Umgang mit anderen zu Hause oder an Ihrer Arbeitsstätte einen der folgenden Fehler?

Geben Sie sich bei jeder Frage eine Bewertung zwischen 0 und 4. Anschließend lassen Sie sich zur Kontrolle von einem Freund (einem Kollegen, von Ihrem Ehepartner) beurteilen!

⓪
niemals

①
selten

②
manchmal

③
häufig

④
sehr oft

Reden Sie von sich, von Ihren Erfahrungen, Ihren Ideen, jeder Chance, die sich Ihnen bietet?

◯

Werden Sie ungeduldig oder ärgerlich, wenn andere nicht Ihrer Meinung sind?

◯

Unterbrechen Sie andere und wechseln Sie zu einem Gesprächsthema über, das Sie interessiert?

◯

Sind Sie sarkastisch?

◯

Machen Sie sich lustig über Ideen, Freunde, Kleidung von anderen Menschen?

◯

Prahlen Sie mit dem, was Sie alles für die Familie tun?

◯

Lesen Sie oder laufen Sie weg, während andere mit Ihnen sprechen?

◯

Streiten Sie, statt Meinungsverschiedenheiten zu erörtern?

◯

Weisen Sie ein Mitglied Ihrer Familie vor den anderen zurecht?

◯

Werden Sie laut und schreien Sie mit anderen, wenn Sie wütend sind?

◯

Machen Sie Mitglieder Ihrer Familie lächerlich?

◯

Versuchen Sie, eine Unterhaltung ganz allein zu bestreiten?

◯

Sprechen Sie auf Gesellschaften über Ihre Familiensorgen?

◯

Zeigen Sie, daß Sie den Motiven anderer in Ihrer Familie nicht trauen?

◯

Befehlen Sie Ihren Kindern, etwas zu tun, statt Sie darum zu bitten?

◯

Bestehen Sie darauf, für Ihre Kinder zu entscheiden?

◯

Hören Sie in einer Mitarbeiter-
besprechung ungeduldig zu, wenn
jemand seine Meinung äußert?

◯

Zeigen Sie sich gekränkt, wenn
man Sie auffordert, etwas
zu ändern, was Sie gemacht haben?

◯

Versuchen Sie, anderen Ihre
Meinung aufzudrängen?

◯

Machen Sie höhnische Bemerkungen über andere und deren
Arbeit?

◯

Rügen Sie jemand in Gegenwart
anderer?

◯

Streiten Sie sich um das Recht,
etwas so zu machen, wie Sie es
wollen?

◯

Finden Sie an den Plänen anderer
gewöhnlich etwas auszusetzen?

◯

Sind Sie zeitweilig »ungenießbar«?

◯

Versprechen Sie leicht etwas,
ohne es hinterher auch zu halten?

◯

Zeigen Sie, daß Sie an neuen
Ideen hinsichtlich Ihrer Tätigkeit
nicht interessiert sind?

◯

Machen Sie Krach oder werden
Sie mürrisch, wenn jemand
konstruktive Kritik äußert?

◯

Versuchen Sie, Geschäftspartnern
Ihre Meinung aufzudrängen?

◯

Welche schlechten
Angewohnheiten werden durch
Ihr Kommunikationsprofil
aufgedeckt?
Lassen Sie sich
zur Kontrolle von
Freunden beurteilen!

Können Sie diskutieren?

Er:
»Liebling, ich brauche unbedingt
einen neuen Wagen. Der alte
tut es einfach nicht mehr, und
außerdem ...«
Sie:
»Neuer Wagen! Hast Du eigentlich
schon einmal daran gedacht,
daß ich seit zwei Jahren in meinem
alten Wintermantel herumlaufe?!
Und daß ich den ganzen
Vormittag in der Küche herum-
stehe, während alle anderen hier
im Haus die modernsten
Küchenmaschinen haben! ...
Übrigens, gestern habe ich in der
Stadt eine sehr preiswerte
Geschirrspülmaschine gesehen.
Was hältst Du davon, wenn wir
morgen mal ...«
Er:
»Ich denke da an einen Vorführ-
wagen. Mein Autohändler meint,
daß ich für meinen alten noch
ungefähr 3 Mille bekommen
kann, und wenn ...«

Den weiteren Verlauf des Ge-
spräches können Sie sich wohl
denken! Was wurde hier falsch
gemacht? Er denkt nur daran, wie
er seiner Frau möglichst scho-
nend beibringen kann, daß der
neue Wagen so gut wie bestellt
ist. Statt ihr zuzuhören, wartet er
auf Pausen in ihrem Redefluß, um
seine, wie er glaubt, »zündenden«
Argumente anbringen zu können.
Sie versucht gar nicht erst, auf
seinen Gedanken einzugehen,
weil dieser ja »sowieso indisku-
tabel« ist, und wendet nun die
»Schnellfeuer-Taktik« an, um ihre,
wie sie meint, weitaus wichtige-
ren Interessen durchzusetzen. So
redet jeder am anderen vorbei.
Heraus kommt ein handfester

Streit — ein Streit, der in dieser Form aber niemals eine Klärung der beiderseitigen Interessen herbeiführen wird!
Beobachten Sie einmal kritisch, wie oft Sie selbst und andere Gespräche dieser Art führen, in denen jeder darauf bedacht ist, seinen Einsatz nicht zu verpassen, aber sich gar nicht die Zeit nimmt, den anderen erst einmal ruhig anzuhören und dessen Argumente überhaupt zu verstehen. Als Therapie für solche akuten Kommunikationsstörungen eignet sich die folgende

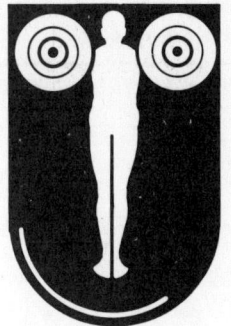

Übung:

A und B diskutieren über ein beliebiges Thema (das aber möglichst gegensätzliche Standpunkte zulassen soll).
A fängt mit der Diskussion an.
Bevor B antwortet, muß er das, was A gesagt hat, kurz sinngemäß wiederholen.
Stimmt A der Wiederholung von B zu, darf B die Diskussion fortführen, und A muß anschließend zusammenfassen, usw.
Stimmt A nicht zu, muß B, bevor er weiterredet, noch einmal wiederholen, was A gesagt hat.
Ist dann A noch immer nicht mit der Zusammenfassung einverstanden, muß er selbst noch einmal zusammenfassen, usw.

Es wäre gut, wenn bei dieser Übung ein Beobachter dabei ist, der auf die Einhaltung der Spielregeln und auf das Diskussionsverhalten von A und B achtet.
Sie können auch insgesamt drei Runden üben, wobei dann jeweils A und dann B die Beobachterrolle übernehmen.

Hier ein Beispiel:

Er:
»Liebling, ich brauche unbedingt einen neuen Wagen. Der alte tut es einfach nicht mehr.«
Sie:
»Du meinst, Du brauchst einen neuen Wagen, weil der alte nicht mehr gut fährt?«
Er:
»Ja, richtig.«
Sie:
»Hast Du aber auch schon einmal daran gedacht, daß ich seit zwei Jahren meinen alten Wintermantel trage, und daß ich dringend ein paar gute Küchengeräte nötig habe?«
Er:
»Du meinst, Du möchtest das Geld lieber für einen neuen Wintermantel und Küchengeräte verwenden?«
Sie:
»Ja, das würde ich gern . . .«
Er:
» . . . . «

Diese Übung mag Ihnen zunächst banal erscheinen. Sie ist aber die Grundlage der Verständigung zwischen Gesprächspartnern! Vielleicht erscheint Ihnen auch die Forderung, den Gesprächsbeitrag des Partners zu wiederholen, für die Anwendung in der Praxis zu formal. Dann versuchen Sie es wenigstens in Gedanken! Sie zwingen sich dadurch, dem Gesprächspartner genauer zuzuhören, und werden bald ein geschätzter Diskussionspartner — und auch »-gegner«! Wichtig ist übrigens bei dieser Übung, daß Sie nicht einfach das inhaltlich wiederholen, was Ihr Gegenüber gedacht hat, sonst dreht sich Ihr Gespräch bald im Kreis, wenn der andere diese Technik auch anwendet! Versuchen Sie dagegen anzusprechen, was dieser mit seinem Beitrag **gemeint** hat. Zurück zu unserem Beispiel: Sagt »Er«: »Ich brauche unbedingt einen neuen Wagen!«, dann wiederholen Sie nicht einfach: »Du brauchst einen neuen Wagen?«, sondern zum Beispiel: »Du meinst, daß Du einen neuen Wagen brauchst, weil der alte nicht mehr repräsentativ genug ist und Du Dich bei Deinen Kunden nicht mehr sehen lassen kannst?«. »Er« darauf vielleicht: »Nein, ich meine, daß ich in letzter Zeit soviel Reparaturen zu bezahlen hatte, daß es billiger wird, wenn ich einen neuen Wagen kaufe.« Sie müssen sich also bemühen, nicht nur zu erfassen, was der andere sagt, sondern was er wirklich sagen möchte! Diese Technik des sinngemäßen Wiederholens, die automatisch zu genauem Nachdenken bei Gesprächen zwingt, nennt man Paraphrasieren.

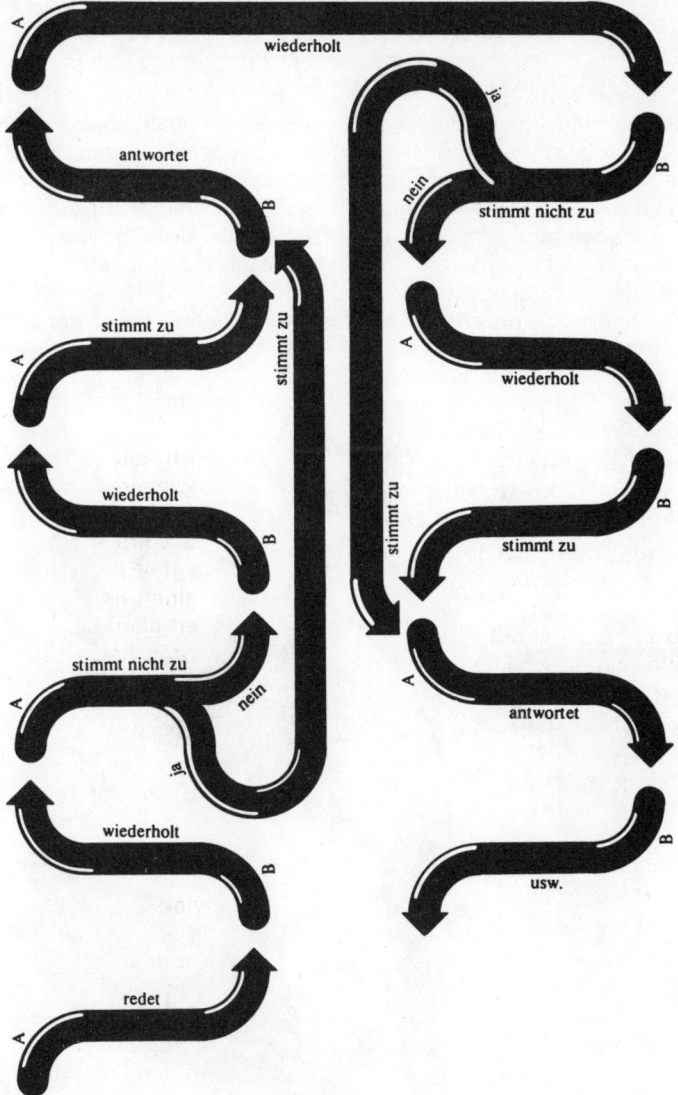

A wiederholt B
ja
antwortet
stimmt nicht zu B
stimmt zu
A
stimmt zu
A wiederholt
wiederholt
B
nein
B stimmt zu
stimmt nicht zu
A nein A antwortet
ja
B wiederholt B
usw.
A redet

7. Wir und die andern

Die Bösen sind immer die anderen! Und wir sind natürlich die Guten. Weil das so ist, dürfen wir ohne Gewissensbisse die Sandburg des Nachbarn zerstören, die Kinder aus dem anderen Dorf verprügeln und schließlich, als Erwachsene, ein anderes Land überfallen. Wenn dies nicht durch Krieg möglich ist, dann zumindest mit den Segnungen unserer Kultur! »Wir als Deutsche...«, »Wir vom Tennisverein...« — dieses magische »Wir« signalisiert Zugehörigkeit und damit in gewissem Sinn auch »Geborgenheit«. Es scheint für jeden Menschen ein Grundbedürfnis zu sein, »dazuzugehören«. Nicht zufällig war daher die Verbannung eine der schrecklichsten Strafen des Altertums.

Überall kann man beobachten, daß neu gebildete Gruppen sehr

schnell bestimmte Verhaltensweisen und »Riten« entwickeln, die sie von anderen Gruppen unterscheiden. Zum Zugehörigkeitsgefühl gehört eben auch das gleichzeitige Distanzieren von anderen, die dann als fremd oder sogar als »etwas seltsam« empfunden werden. Wenn eine Schulklasse davon redet, wie lächerlich und wie dumm doch eigentlich die Kinder in der Nachbarklasse sind, dann richtet sich solche Überzeugung eigentlich gar nicht gegen die anderen, sondern demonstriert nur die Solidarität der Wir-Gruppe: »Wir gehören zusammen!« Die Schulklasse entwickelte beispielsweise eine bestimmte Geheimsprache, mit der nur sie sich untereinander verständigen kann, der Ritterschlag demonstriert dem Knappen feierlich die Aufnahme in den Ritterstand, die Seeleute haben die etwas rauhere Sitte der Äquatortaufe, und dem Manager eines Industriekonzerns vermittelt der »echte« Teppich im Büro oder eine bestimmte Wagenklasse das beruhigende Gefühl, daß er unter Gleichgesinnten zu Hause ist.

Die Bösen
sind immer die
anderen!

Solche »Wir«-Symbole und Verhaltensweisen (Riten) können wir von der Familie über den Verein bis hin zu ganzen Nationen verfolgen. Gemeint sind hier aber nicht nur die Vereinsfahnen oder die Tatsache, daß es in England als höflich gilt, über das Wetter zu sprechen. Auch alle unsere Überzeugungen, Wertvorstellungen und Verhaltens-»Normen« haben eine soziale Komponente und sind eine — meist unbewußte — »Gruppenleistung des Bestimmens«, wie P. Hofstätter es genannt hat. Bei uns »gehört es sich nicht«, bei einem Begräbnis zu tanzen und zu singen, eheliche Treue entspricht „einer natürlichen sittlichen Grundordnung« — so hat es noch 1958 der Bundesgerichtshof formuliert! Interkulturelle Vergleiche haben uns längst gezeigt, daß in verschiedenen Ländern nicht nur verschiedene Sitten, sondern durchaus auch sehr verschiedene Vorstellungen zu Fragen der Einehe oder beispielsweise des Eigen-

tums herrschen.

Wir können natürlich jetzt mit hochgezogenen Brauen darüber lächeln, daß die Menschen dazu neigen, die Verhaltensweisen ihrer unmittelbaren sozialen Umwelt als allgemeingültig zu sehen und als »allein richtig« zu verteidigen. Daß sie auf der anderen Seite notwendig sind, formuliert A. Oldendorff so:

»Wir können die Spielregeln der Konvention tatsächlich mit den Regeln des Straßenverkehrs vergleichen. Wenn es uns selbst überlassen wäre, ob wir rechts oder links fahren, dann würden wir ständig mit der Frage beschäftigt sein, was der andere wohl tun wird, was er von uns erwartet und wie er auf uns reagieren wird, während die Zahl der **Zusammenstöße** (!) ins Unermeßliche steigen würde.«

Wir sollten dabei aber nicht vergessen, daß man Verkehrsordnungen auch ändern kann und **muß,** wenn diese unzweckmäßig geworden sind!

„Gewinnt so viel Ihr könnt!"

Überprüfen
Sie in diesem Spiel,
wie schnell Sie
und andere dazu neigen,
unter bestimmten
Bedingungen eine
„Clique" zu bilden!

Wir sprachen von dem Wir-Gefühl, welches beispielsweise von einer Schulklasse entwickelt wird. Innerhalb dieser Klasse können aber auch weitere »Wir«-Gruppen (Spaltungen) entstehen: es bilden sich die wohlbekannten »Cliquen«. Dieses Wort hat einen negativen Beigeschmack. Warum, ist uns jetzt klar: Solche »Cliquen« versetzen dem Wir-Gefühl der größeren Gruppe einen empfindlichen Stoß! Unser Spiel »Rot oder Schwarz« soll demonstrieren, wie schnell es in einer größeren Gruppe zu einer Aufspaltung kommen kann (aber nicht muß!), wenn einige in dieser Gruppe entdecken, daß sie augenscheinlich gleiche Interessen verfolgen.

Überprüfen Sie in diesem Spiel, wie schnell Sie und andere dazu neigen, unter bestimmten Bedingungen ein »Wir«-Gefühl zu entwickeln oder aufzugeben!

Wir benötigen für unser Spiel vier Gruppen (am besten Paare), die sich so zusammensetzen, daß alle Spieler miteinander diskutieren können — aber doch weit genug auseinander, daß die einzelnen Gruppen (Paare) eine Spielstrategie entwickeln können, ohne von den anderen gehört zu werden. Am besten wäre eine Zahl von acht Spielern, die sich paarweise, wie auf unserer Zeichnung, zusammensetzen.

Jeder Spieler erhält jetzt den Instruktions- und Zählbogen auf Seite 98 und drei Minuten Zeit zum Durchlesen der Spielanleitung.

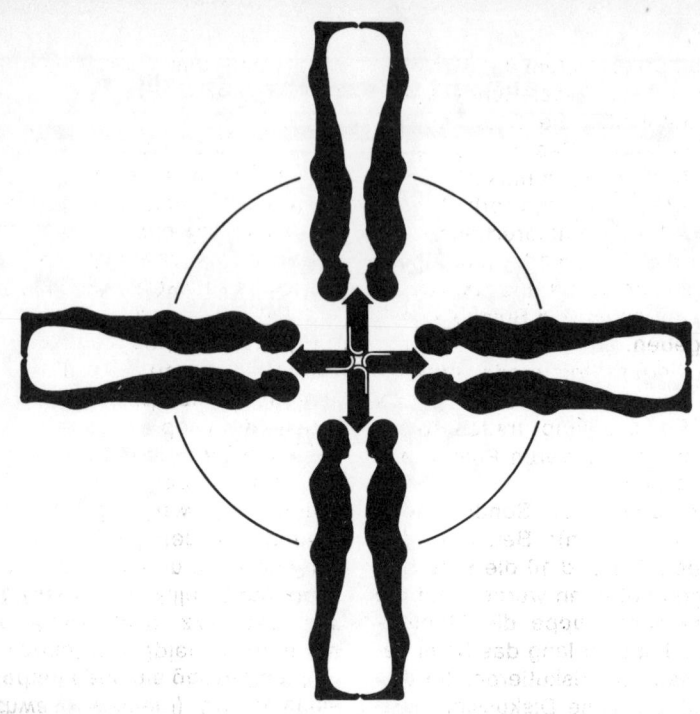

Anweisungen für den Spielleiter:

● Jedes der vier Paare (Gruppen) erhält bei Spielanfang 25 Spielpunkte (Spielmarken o. ä.) ausgehändigt. Der Spielleiter hat am Anfang des Spiels weitere 100 Spielpunkte (Spielmarken) als Gewinnprämien zur Verfügung. Jedes Paar muß als Spieleinsatz den Gegenwert für 50 Spielpunkte (z. B. 5 Pfennige je Punkt) in die »Bank« einzahlen.

● Spielaufgabe: Jedes Paar (jede Gruppe) muß sich in jeder Spielrunde für eine der beiden Farben »Rot« oder »Schwarz«

entscheiden. Nachdem alle Paare gewählt haben, erhält (oder verliert) jedes Paar eine bestimmte Anzahl Spielpunkte entsprechend dem Gewinnplan auf der Spielanleitung.

● Die Paare dürfen sich während der Entscheidung nicht mit den anderen Paaren verständigen, wenn nicht ausdrücklich die Erlaubnis dazu gegeben wird.

● Jedes Paar muß in jeder Spielrunde erneut entscheiden, ob es »Rot« oder »Schwarz« (vgl. Spielanleitung) wählen will. Die Entscheidung darf von den einzelnen Paaren erst dann bekanntgegeben werden, wenn der Spielleiter dazu auffordert.

● Das Spiel besteht aus 10 Spielrunden. Nach jeder Runde erhält der Spielleiter die Entscheidung der einzelnen Paare, und jedes Paar trägt seine Punktzahl in den Zählbogen ein und erhält vom Spielleiter die entsprechende Anzahl Spielmarken oder muß Spielmarken entsprechend den Verlustpunkten an den Spielleiter zurückgeben.

● In jeder Spielrunde müssen die Paare innerhalb einer Minute ihre Entscheidung treffen, ohne sich mit den anderen Paaren abzusprechen.

● Es gibt drei Sonderrunden (vgl. Zählbogen): Bevor in den Runden 5, 8 und 10 die Entscheidungen getroffen werden, hat die ganze Spielgruppe die Möglichkeit, 3 Minuten lang das Spiel gemeinsam zu diskutieren. Im Anschluß an diese Diskussion müssen die Paare wieder wie vorher allein ihre Entscheidung treffen.

● In der Sonderrunde 5 werden die Gewinn- oder Verlustpunkte aller Paare verdreifacht, in der Runde 8 verfünffacht, und in der Runde 10 verzehnfacht.

● Am Ende des Spiels lösen die Paare ihre Spielmarken entsprechend deren Wert beim Spielleiter ein. Bleibt in der Bank ein Restbetrag, fällt dieser dem Spielleiter zu.

Hier wird erklärt, wie Sie das Spiel auswerten müssen. Bitte drehen Sie erst dann das Buch um, nachdem Sie das Spiel durchgeführt haben! Spieler und Spielleiter dürfen dies aber erst dann tun, wenn das Spiel tatsächlich durchgeführt wurde.

Sie können in diesem Spiel alle vorhandenen 200 Spielpunkte (also die ganze »Bank«) vom Spielleiter gewinnen — aber nur, wenn alle vier Paare eine gemeinsame Strategie verfolgen. (Wenn alle in jeder Runde »Rot« wählen, erhält jedes Paar im Verlauf der 10 Spielrunden zu den eigenen 25 Punkten 25 weitere Gewinnmarken — rechnen Sie es aus!). Versucht dagegen jedes Paar im Alleingang die (scheinbar günstige) Farbe »Schwarz« zu wählen (die ja in drei von vier Fällen Gewinnpunkte bringt), besteht die Möglichkeit, daß die Paare sogar ihr Anfangskapital von 25 Punkten verlieren (wenn alle Paare in allen Runden »Schwarz« wählen). Der Spielleiter erhält dann die ganze Bank!

Im Verlauf des Spiels werden die vier Paare also zwischen der Möglichkeit, im Alleingang oder gemeinsam mit den anderen Paaren dem Spielleiter Spielpunkte abzujagen und damit den Gewinn abzuzäunen, hin- und hergerissen. Nur wenn sich alle Paare einigen können, gewinnt der Spielleiter nichts. Nur durch gute Kooperation kann also der gemeinsame Gewinn gesteigert werden! Denken Sie daran: Die Spielregel lautete lediglich »Gewinnt soviel ihr könnt! Diskutieren Sie nach dem Spiel darüber, wie Sie diese Regel aufgefaßt haben — als Ziel für die Gesamtgruppe oder als Anweisung für ihre eigene »Clique«?

Spielanleitung

Sie und Ihr(e) Partner müssen in jeder Spielrunde nach den Anweisungen des Spielleiters entweder die Farbe »Rot« oder »Schwarz« wählen. Sie erhalten oder verlieren bei jeder Wahl Gewinn- beziehungsweise Verlustpunkte (Spielmarken). Die Höhe des Gewinns (Verlusts) ist nicht nur von Ihrer Entscheidung, sondern auch von der Farbwahl der anderen drei Paare abhängig, wie der folgende Gewinnplan zeigt:

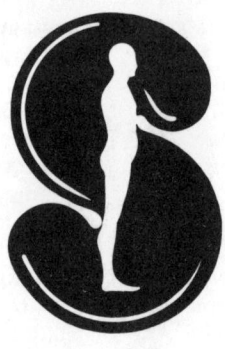

Gewinnmöglichkeiten für jede Runde

(1)	4x »Schwarz«:	für jedes Paar 1 Verlustpunkt
(2)	3x »Schwarz«:	für jedes **»Schwarz«**-Paar 1 Gewinnpunkt
	1x »Rot«:	für jedes **»Rot«**-Paar 3 Verlustpunkte
(3)	2x »Schwarz«:	für jedes **»Schwarz«**-Paar 2 Gewinnpunkte
	2x »Rot«:	für jedes **»Rot«**-Paar 2 Verlustpunkte
(4)	1x »Schwarz«:	für das **»Schwarz«**-Paar 3 Gewinnpunkte
	3x »Rot«:	für jedes **»Rot«**-Paar 1 Verlustpunkt
(5)	4x »Rot«:	für jedes Paar 1 Gewinnpunkt

Zählbogen

Runde	Zeit	Beratung	Entscheidung	Punkte (+/−)	Summe
1	1 Min.	mit Partner			
2	1 Min.	mit Partner			
3	1 Min.	mit Partner			
4	1 Min.	mit Partner			
Sonderrunde!				... x 3!	
5	3 Min.	mit Gruppe			
	1 Min.	mit Partner			
6	1 Min.	mit Partner			
7	1 Min.	mit Partner			
Sonderrunde!				... x 5!	
8	3 Min.	mit Gruppe			
	1 Min.	mit Partner			
9	1 Min.	mit Partner			
Sonderrunde!				... x 10!	
10	3 Min.	mit Gruppe			
	1 Min.	mit Partner			
Ihre Gesamt-Punktezahl:					

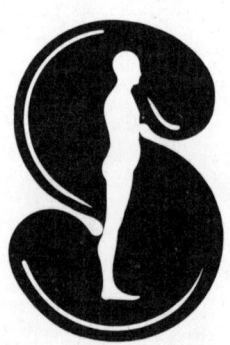

Treffen Sie in jeder Spielrunde mit Ihrem
Partner eine **gemeinsame** Entscheidung.
Ziel des Spiels:
Gewinnt soviel Ihr könnt!

Test: Vertrauensbarometer für Gruppen

Das heftige
Aufeinanderprallen
von Meinungen
in einer Gruppe
kann auch
ein Zeichen von
Vertrauen
und gegenseitiger
Offenheit sein!

Wodurch wurde bestimmt, ob die Spieler bei »Gewinnt so viel Ihr könnt!« mehr an ihr eigenes oder an das Wohl der Gesamtgruppe dachten? Welche Faktoren beeinflussen allgemein den Zusammenhalt einer Gruppe?

Zwei Ebenen bestimmen die Entwicklung des »Wir«-Gefühls in einer Arbeitsgruppe: Die sachliche Ebene der Übereinstimmung und die emotionale Ebene des Vertrauens. Diese Ebenen müssen sich nicht unbedingt decken — so können wir beispielsweise einem Freund auch dann vertrauen, wenn wir seine Meinung nicht teilen. Entsprechend der Entwicklung von Übereinstimmung und Vertrauen können wir bei der Diagnose einer Gruppe die folgenden Entwicklungsphasen feststellen:

1
Konflikt:
Gegenseitiges Mißtrauen, geringe Übereinstimmung über Gruppenziele und Arbeitsverfahren – kein »Wir«-Gefühl.

2
Anpassung:
Wenig persönliches Vertrauen, aber Annäherung der sachlichen Standpunkte – Ansätze eines »Wir«-Gefühls.

3
Uneinigkeit:
Wachsendes Vertrauen auf der persönlichen Ebene, aber noch keine Übereinstimmung auf der sachlichen Ebene – wachsendes »Wir«-Gefühl.

4
Einigkeit:
Hoher Vertrauensgrad zwischen den Mitgliedern und gemeinsame Gruppeninteressen – starkes »Wir«-Gefühl.

Auf dem Weg vom Konflikt zur Einigkeit wechseln die Phasen der Anpassung und der Uneinigkeit ständig. Zwischen diesen beiden Polen — im gegenseitigen Abgrenzen oder Akzeptieren der Standpunkte — entwickelt sich allmählich das »Wir«-Gefühl der Gruppe.

Vielleicht werden Sie zunächst nicht akzeptieren, daß die Gruppe in der Phase der Uneinigkeit ein größeres Wir-Gefühl haben soll als in der Phase der Anpassung. Denken Sie aber einmal an Ihre eigenen Gesprächserfahrungen! Meistens ist es im Kreis guter Freunde viel leichter als bei Fremden, auch gegensätzliche Meinungen offen zu vertreten; man wählt im allgemeinen seine Worte weit weniger vorsichtig. Das heftige Aufeinanderprallen von Meinungen ist also mehr ein Zeichen des Vertrauens als des Mißtrauens, das Zeichen für das Gefühl: »Hier kann ich mich geben, wie ich bin.« Testen Sie jetzt einmal, wie weit dieses Gefühl auch für eine wichtige Gruppe gilt, in der Sie vielleicht gerade arbeiten müssen!

Sie finden auf den folgenden Seiten zweimal je zwölf Aussagen. Die ersten Aussagen beziehen sich auf die Gruppe, die zweiten auf das einzelne Gruppenmitglied. Schreiben Sie jetzt jede Aussage auf eine kleine Karte. Sie haben dann zwei Diagnoseinstrumente, mit denen Sie feststellen können, in welcher der vier oben beschriebenen Phasen sich die Gruppe und Sie selbst als Gruppenmitglied gerade befinden. Ordnen Sie die beiden Kartensätze (jeden für sich) so, daß die Aussage, die Ihrer Meinung nach am meisten für die Gruppe zutrifft, die Nummer 1 erhält. Entsprechend erhält die Aussage, die am wenigsten zutrifft, die Nummer 12. Jetzt zählen Sie die in Klammern gesetzten Zahlen der ersten vier Karten (getrennt für beide Sätze) zusammen. Tragen Sie die Summe auf dem »Einigungs-Barometer« ein. Stellen Sie fest, ob Sie auf diesem Barometer des »Wir«-Gefühls Ihrer Gruppe hinterherhinken oder ihr voraus sind!

In der Gruppe beobachtete ich folgendes:

( )
Es gab viel Wärme und
Freundlichkeit
(4).

( )
Es gab viel destruktiv-
aggressives Verhalten
(1).

( )
Die Gruppenmitglieder waren
uninteressiert und nicht
beteiligt
(2).

( )
Einzelne Gruppenmitglieder
versuchten zu dominieren und
die Leitung zu übernehmen
(3).

( )
Wir verstanden uns
ausgezeichnet
(4).

( )
Wir hatten Hilfe nötig
(3).

( )
Ein großer Teil der Unterhaltung
war irrelevant
(1).

( )
Wir waren vollkommen
aufgabenorientiert
(4).

( )
Die Mitglieder waren sehr
höflich
(2).

( )
Es gab viel grundlegenden
Ärger
(1).

( )
Wir arbeiteten an unseren
Verfahrensfragen
(2).

( )
Wir diskutierten sachliche
Differenzen
(3).

Bei mir selbst beobachtete ich folgendes:

( )
Zu einigen war ich freundlich
und herzlich
(3).

( )
Ich habe mich kaum beteiligt
(2).

( )
Ich habe mich auf die Arbeit
konzentriert
(3).

( )
Ich wurde von vielen
angegriffen
(1).

( )
Ich übernahm die Führung
(3).

( )
Ich war zu allen Mitgliedern
höflich
(2).

( )
Meine Vorschläge waren
häufig abwegig
(1).

( )
Ich war ein Mitläufer
(2).

( )
Ich konnte die Vorschläge

der Gruppe akzeptieren
(4).

( )
Ich war erzürnt
(1).

( )
Ich war lebhaft
und aggressiv
(3).

( )
Ich wurde von allen
verstanden
(4).

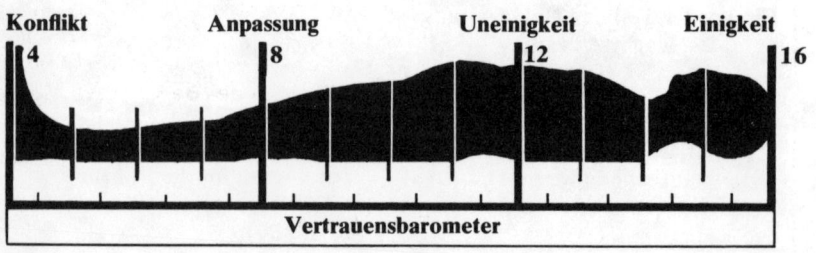

Konflikt | Anpassung | Uneinigkeit | Einigkeit
4 | 8 | 12 | 16

Vertrauensbarometer

Wer später kommt hat unrecht

In seinem Kapitel »Der Mensch und die Gruppe« beschreibt O. Kolle das Wartezimmer eines Arztes. Langsam entwickelt sich zwischen den Patienten, die zunächst damit beschäftigt waren, in die Luft zu starren oder in Illustrierten zu blättern, ein Gespräch. Plötzlich tritt ein neuer Patient in den Raum. Er grüßt nicht. Er setzt sich abseits. Und als er dann auch noch von der Sprechstun-

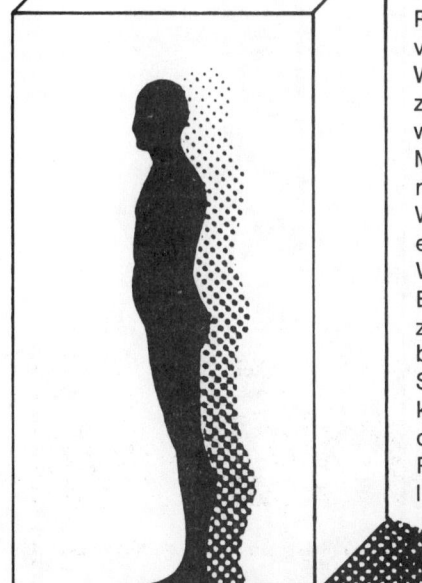

denhilfe vorzeitig in das Sprechzimmer gebeten wird, kommt es fast zu einem Aufruhr unter den Wartenden. Man ist sich einig: »Ein Privatpatient, der glaubt, nur weil er eine dicke Brieftasche hat, sich ›alles‹ erlauben zu können.« Plötzlich hat eine **Ansammlung** von Menschen ihre Solidarität entdeckt — sie ist zur **Gruppe** geworden.

Wir alle kennen diese Mauer von prüfenden Blicken, durch die wir uns hindurcharbeiten müssen, wenn wir als Neuling in einen Betrieb kommen, als Gast zu einer Party erscheinen, die schon in vollem Gange ist, oder auf der Wartebank vor einem Behördenzimmer Platz nehmen. Auch wenn wir uns äußerlich nicht von den Menschen, die uns hier so kritisch mustern, besonders abheben: Wer später kommt, ist zunächst ein Außenseiter!
Woran liegt das?
Es gibt für jede Gruppe, die neu zusammentritt, zunächst vier Probleme zu lösen, damit sie ein Solidaritätsgefühl entwickeln kann: das Problem der **Identität,** das Problem der **Bedürfnisse,** das Problem der **Macht** und schließlich das Problem der **Intimität.**

Mit anderen Worten, jedes Gruppenmitglied will zunächst feststellen:

● Wie soll ich mich in dieser Gruppe verhalten, und als welche Person werde ich von der Gruppe akzeptiert (Identitätsproblem)?

● Welche Ziele hat diese Gruppe, und inwieweit decken sich diese Ziele mit meinen eigenen Bedürfnissen (Bedürfnisproblem)?

● Wer beansprucht in dieser Gruppe eine führende Rolle, und wie kann ich selbst die Gruppe im Hinblick auf meine Bedürfnisse beeinflussen (Machtproblem)?

● Wie offen sind die Mitglieder dieser Gruppe untereinander, und was darf ich selbst von mir und meinen Wünschen preisgeben (Intimitätsproblem)?

Nach einer gewissen Zeit ist dieser Prozeß abgeschlossen, man ist sich »nicht mehr so fremd«. Das heißt aber nichts anderes, als daß jeder mehr oder weniger festgestellt hat, was er von den anderen (und von sich) in dieser Gruppe erwarten kann. Ein »Neuer« stört natürlich dieses »eingespielte« Selbstverständnis und wird daher so lange als Außenseiter empfunden, bis der

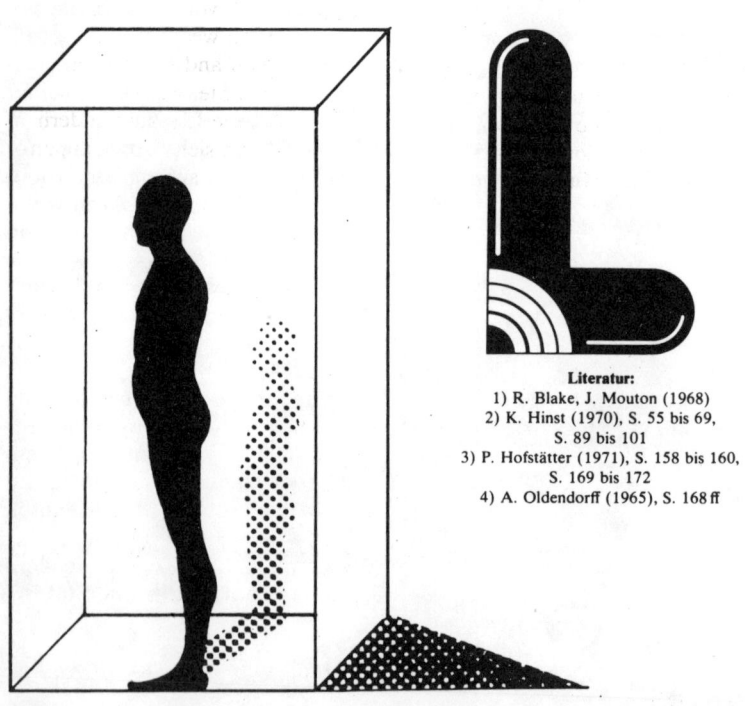

Literatur:
1) R. Blake, J. Mouton (1968)
2) K. Hinst (1970), S. 55 bis 69,
   S. 89 bis 101
3) P. Hofstätter (1971), S. 158 bis 160,
   S. 169 bis 172
4) A. Oldendorff (1965), S. 168 ff

oben beschriebene Prozeß erneut abgelaufen ist und sich ein neues »Gruppengleichgewicht« eingestellt hat. Es kann natürlich auch passieren, daß das neue Gruppenmitglied ein Außenseiter bleibt. Alle Personalchefs kennen das Problem, daß der größte Teil der Kündigungen in einem Unternehmen seinen Grund in den Anpassungsschwierigkeiten **neuer** Mitarbeiter hat, und wenden entsprechend viel Mühe auf, um den Neuling in »seinen« Betrieb zu integrieren.

Sie selbst können diesen Prozeß der Integration beschleunigen, wenn Sie vor das Problem gestellt sind, der »Außenseiter« zu sein:

Prüfen Sie die Struktur der Gruppe.
Stellen Sie fest, wer
Machtpositionen besitzt,
welche Ziele die Mitglieder verfolgen.

Prüfen Sie die Intimität
der Gruppe.
Stellen Sie fest, welcher Grad
der Offenheit untereinander
herrscht. Ist die
Unterhaltung nur sachbezogen,
oder werden auch persönliche
Fragen besprochen?
Machen Sie den Vertrauenstest.
Befindet sich die Gruppe
in der Phase des Konflikts,
der Anpassung, der Uneinigkeit
oder der Einigkeit?
Prüfen Sie Ihre eigene Identität
in der Gruppe:
Welche Rolle will ich
in dieser Gruppe spielen?
Welche Bedürfnisse
möchte ich durchsetzen?
Was will ich von mir preisgeben,
und was will ich
von den anderen wissen?
Prüfen Sie, wie weit Sie
Ihre eigene Identität ändern
müssen, um sich den Gruppennormen anzupassen.

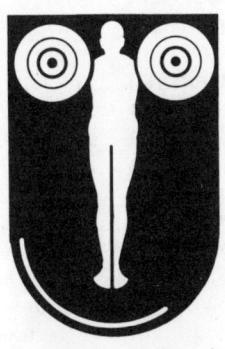

Prüfen Sie, ob Sie
diese Änderung für sich
vertreten können!

Wer
setzt die Knotenpunkte im
Kommunikationsnetz?

»Wußten Sie schon, daß Frau Braumann mit ihrem Fahrlehrer durchgebrannt ist?!« – Frau Braumann ist vielleicht nur für eine Woche verreist, und ihr junger Fahrlehrer, der übrigens seine reizende Freundin Inge innig liebt, hat Frau Braumann lediglich zweimal von zu Hause abgeholt. Wie und warum Gerüchte entstehen, ist schon eine interessante Sache! Uns soll hier aber nur interessieren, auf welchem Wege sich diese Gerüchte ausbreiten – ein Vorgang, der mindestens ebenso bedeutsam ist wie ihre Entstehung. Nach einer Stunde weiß es die Familie im dritten Stock, nach einem Tag gibt es die Verkäuferin im Milchladen an der Ecke weiter. Aber nach einer Woche hat der alte Herr Schönmilch, dieser Sonderling, noch immer nichts davon gehört, obwohl er doch Tür an Tür mit den Braumanns wohnt!

Wir erkennen hier, daß Informationen sich nicht gleichmäßig ausbreiten, sondern über bestimmte Kanäle weitergegeben werden. In einem Mietshaus, in einem Verein, in einem Betrieb bilden diese Kanäle ein regelrechtes Informations**netz.** Wir können sogar den Versuch machen, dieses Netz aufzuzeichnen, und erhalten dann das Abbild der Informationsstruktur einer Gruppe von Menschen. In diesem Netz hat Herr Schönmilch nur einen Platz am Rande, während die Verkäuferin im Milchladen der Knotenpunkt einer Reihe von Informationsnetzen (Mietshäusern) ist, die nur über sie verbunden werden. Sie hat sozusagen eine Zentralstellung im morgendlichen Einkaufsklatsch besetzt! Wir kennen auch in Vereinen und in Betrieben jene Leute, die immer etwas mehr zu wissen scheinen als die anderen, und die aufgrund dieser Tatsache oft ein Ansehen und einen Einfluß besitzen, der ihnen gemäß ihrer »Stellung« eigentlich gar nicht zukäme. Man bezeichnet diese Leute als die »informellen Führer« einer Gruppe.

Informelle Führung und formelle Führung sind oft nicht deckungsgleich — manchmal besitzt ein bestimmter Mitarbeiter wesentlich mehr Vertrauen seiner Kollegen als der Abteilungsleiter. Diese Zusammenhänge wurden erst relativ spät von Soziologen entdeckt, aber unbewußt schon seit langem berücksichtigt. Man kann beispielsweise den Aufbau einer Betriebshierarchie oder die Unterrichtsform in der Schule als unbewußten Versuch ansehen, formelle und informelle Führung möglichst zur Deckung zu bringen. Im klassischen hierarchischen Organisationsmodell eines Unternehmens laufen alle Informationslinien einer Ebene beim jeweiligen Vorgesetzten zusammen. Wollen die Mitarbeiter von zwei Abteilungen dienstlich miteinander kommunizieren, so ist dies nur über ihre jeweiligen Vorgesetzten möglich. Diese sitzen also zwangsläufig immer in der Mitte des betrieblichen Informationsnetzes. Auch in der Schule (alten Stils) ist dafür gesorgt, daß die Schüler weitgehend über die Person des Lehrers miteinander kommunizieren. Wenn ein Schüler einen anderen berichtigen will, so muß er dies zuerst dem Lehrer anzeigen — er muß sich »melden«. Folgerichtig wird auch jedes direkte Sprechen der Schüler untereinander während des Unterrichts verboten. Die zentrale Stellung des Lehrers in Front vor der Klasse verstärkt noch diese informelle Position.

Haben Sie sich schon einmal darüber Gedanken gemacht, warum der Vortragende nicht im, sondern vor dem Auditorium steht, und warum bei Konferenzen der Diskussionsleiter einen einsamen Platz an der Schmalseite des Tisches bekommt? Alle diese räumlichen Anordnungen sollen deutlich machen: Hier sitzt derjenige, über den alle Fäden zu laufen haben! Probieren Sie diesen Trick doch beim nächstenmal aus — wenn die Schmalseite des Tisches noch frei ist!

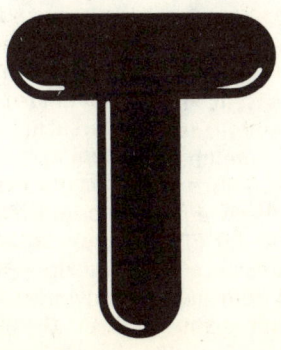

Kreis - Kette - Stern

Welches Kommunikationssystem ist am leistungsfähigsten?

»Einer muß doch die Verantwortung tragen!«, »Ohne straffe Führung geht es nun einmal nicht!« Diese Allgemeinplätze kennzeichnen ganz gut den Gedanken, der hinter der eben beschriebenen Form des Kommunikationsnetzes steht. Es ist die Form der zentralen Kommunikations- (und Führungs-)Struktur, wie sie am besten durch den Stern wiedergegeben wird: Alle Informationen laufen strahlenförmig im Mittelpunkt (Führer) zusammen und können nur durch diesen weitergegeben werden.

Auch heute ist man noch oft der Ansicht, daß dieses System am leistungsfähigsten für die Erfüllung einer Aufgabe sei. Der patriarchalische Vorgesetzte, der ohne Rücksprache mit den Mitarbeitern Aufgaben verteilt, um dann anschließend die Vollzugsmeldungen entgegenzunehmen, ist noch lange nicht ausgestorben. Es soll hier nicht verschwiegen werden, daß diese Form der Führung tatsächlich am leistungsfähigsten ist, wenn es darum geht, eine Aufgabe möglichst schnell auszuführen. Wir kommen gleich noch darauf, wenn wir unser Experiment »Kreis — Kette — Stern« besprechen.

Man redet heute viel vom Abbau der Autoritäten. Überall kann man bemerken, daß zentrale Strukturen langsam zugunsten dezentraler Formen der Führung abgebaut werden. Die dezentrale Form läßt sich am besten durch einen Kreis darstellen. Es gibt keine zentrale Position mit irgendeiner besonderen, vor den anderen hervorgehobenen Aufgabe. Jeder ist durch direkte Kommunikationskanäle mit jedem verbunden. Der Mitarbeiter kann bestimmte Probleme direkt mit dem Kollegen aus der anderen Abteilung besprechen. Auch der Gruppenunterricht in der Schule ist ein Versuch, den Lehrer etwas aus dem Mittelpunkt des Kommunikationsnetzes herauszulösen.

Oberflächlich betrachtet, scheinen alle diese Anstrengungen dem Prinzip »Einer muß doch die Verantwortung tragen« zu widersprechen. Die Vertreter des Arguments

»Ohne straffe Führung geht es nun einmal nicht« betrachten folgerichtig all diese Bemühungen mit Mißtrauen. Scheinbar werden sie auch durch die Ergebnisse wissenschaftlicher Experimente bestätigt. Es wurde festgestellt, daß eine Arbeitsgruppe um so schneller mit einer gestellten Aufgabe fertig ist, je zentraler die Struktur des Kommunikationsnetzes in der Gruppe ist.

Betätigen Sie sich einmal als Versuchsleiter und prüfen Sie dieses einfache Experiment nach! Sie benötigen dafür drei Versuchsgruppen mit je fünf Teilnehmern. Für jede Gruppe brauchen Sie jetzt noch einen Kartensatz.

Auf der Seite 112 finden Sie in der obersten Spalte sechs Symbole abgebildet. Zeichnen Sie zunächst für jedes Gruppenmitglied der drei Versuchsgruppen die sechs Symbole auf je sechs Karten ab. Sie erhalten also insgesamt 3×5 ×6 = 90 Karten mit je einem Symbol.

In jeder Spielrunde (1—15) werden die Karten neu an alle Gruppenmitglieder der drei Versuchsgruppen verteilt, und zwar nach folgendem System:

Jedes Gruppenmitglied erhält in jeder Runde statt der sechs verschiedenen Symbolkarten nur fünf. Beachten Sie dazu den Versuchsplan auf Seite 112. In der ersten Runde fehlt zum Beispiel bei Gruppenmitglied Nr. 1 die »Dreieck«-Karte, bei Gruppenmitglied Nr. 2 die »Rauten«-Karte, bei Gruppenmitglied Nr. 3 die »Stern«-Karte, usw. ... In der Runde 1 haben also **alle** fünf Gruppenmitglieder nur die »Kreuz«-Karte (rechts), in der zweiten Runde nur die »Stern«-Karte, usw.

Jede der drei Gruppen muß nun in jeder Spielrunde feststellen, welches ihr gemeinsames Symbol in dieser Runde ist. Wichtigste Spielregel:

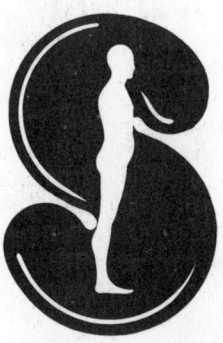

Bei der
kreativen Lösung
von Problemen gilt
das Motto:
„Keiner weiß
so viel wie alle!"

Kein Gruppenmitglied darf dabei sprechen. Die Gruppe darf sich nur auf schriftlichem Wege (mit Hilfe von kleinen Zetteln, die Sie vorbereiten müssen) verständigen! Ihre Aufgabe als Leiter des Experiments ist es, für jede Gruppe andere Wege der Verständigung (Kommunikationsnetze) festzulegen. Drei mögliche Kommunikationsnetze finden Sie gegenüber abgebildet: Den Stern (stark zentralistisch), die Kette (weniger zentralistisch) und den Kreis (stark dezentralistisch). Natürlich können Sie auch andere Netze selbst erfinden und ausprobieren. Am besten gruppieren Sie die Teilnehmer am Experiment entsprechend den Zeichnungen um einen Tisch und stellen Sichtblenden aus Pappe auf, damit die Karten der anderen auch wirklich nicht gesehen werden.

Die Gruppe muß nun auf schriftlichem Wege herausfinden, welches das gemeinsame Symbol in der Spielrunde 1 ist. Erst wenn jedes Gruppenmitglied dieses Zeichen kennt (was durch Handheben angezeigt wird), werden die Karten für Runde 2 neu verteilt. Stellen Sie fest, wieviel Zeit jede Gruppe benötigt, um alle 15 Zeichen herauszufinden!

Wir wollen das Ergebnis dieses Experiments hier schon verraten: In der Regel wird die Stern-Gruppe die Aufgabe am schnellsten lösen. Also zurück zur alten patriarchalischen Führungsform? Das wäre vielleicht sinnvoll, wenn wir es überwiegend mit solchen einfachen Aufgaben wie in unserem Experiment zu tun hätten. Bei schwierigeren Problemen dagegen ist der Kreis dem Stern eindeutig überlegen — denken Sie an das, was über die Gruppe als Kreativitätsfaktor gesagt wurde. Generell sollte also bei der Lösung von Problemen das Motto: »Keiner weiß so viel wie alle!« gelten. Wo stehen Sie auf dem Weg vom Stern zum Kreis? Machen Sie bitte unseren nächsten Test!

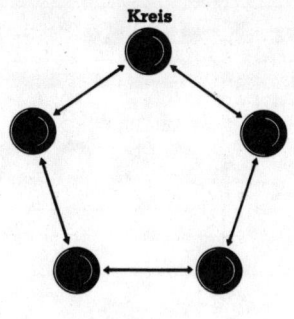
Kreis

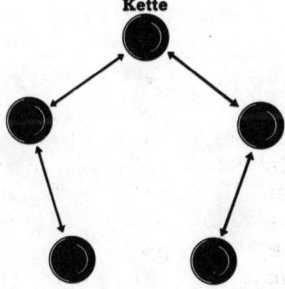
Kette

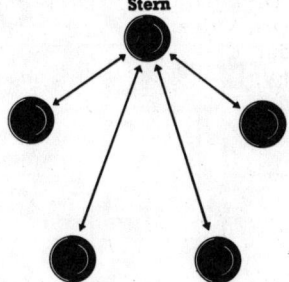
Stern

Spielplan für „Kreis – Kette – Stern" – Versuch

Kartensymbole:

△ ◇ ✳ ○ □ +

Versuch Nr.	Fehlendes Symbol bei Gruppenmitglied					Gemeinsames Symbol
	1	2	3	4	5	
1	△	◇	✳	○	□	+
2	◇	○	□	△	+	✳
3	+	✳	□	△	◇	○
4	□	◇	△	✳	+	○
5	○	✳	+	△	□	◇
6	△	○	□	✳	◇	+
7	□	+	○	◇	△	✳
8	◇	✳	□	+	○	△
9	✳	◇	□	△	○	+
10	+	○	□	✳	◇	△
11	○	+	△	◇	✳	□
12	✳	○	□	△	+	◇
13	△	○	◇	□	+	✳
14	□	◇	+	✳	△	○
15	+	○	□	◇	✳	△

Test: Sind Sie ein X- oder Y-Typ?

Was verstehen
Sie unter
Führung –
„Aufgabenverteilung"
oder „Ziele
setzen"?

Der amerikanische Psychologe McGregor meint, daß es im wesentlichen zwei gegensätzliche Theorien (er nennt sie »X« beziehungsweise »Y«) gibt, von denen sich Führungskräfte in Unternehmen in ihrem Verhalten gegenüber den Mitarbeitern bestimmen lassen. Theorie »X« haben wir auf der nächsten Seite dargestellt. Ihre Vertreter bevorzugen die Führungsform im Stern, und man spricht besser nicht von Mitarbeitern, sondern von Befehlsempfängern. Führung heißt hier Aufgabenverteilung. Die Vertreter der Theorie »Y« (auf der nächsten Seite folgen der Ansicht der Verhaltenswissenschaftler, daß der Mensch von Natur aus – unter entsprechenden Bedin-

gungen — leistungsfreudig und kreativ ist. Sie verteilen dementsprechend nicht Aufgaben, sondern setzen Ziele. Anregungen der Mitarbeiter werden gerne entgegengenommen, und entsprechend wird die Arbeitsform im Kreis bevorzugt.

Sie finden in der X- und Y-Skala insgesamt acht Aussagen über das Arbeitsverhalten von Menschen. (Sie wurden dem Buch »Motivation und Führungsorganisation« von Hans Werner entnommen.) Bitte entscheiden Sie sich, welcher der zwei jeweils angegebenen Alternativen Sie mehr zustimmen können, und kreuzen Sie die entsprechende Zahl auf der Skala an. Dabei steht:

3
für »volle Zustimmung«,
2
für »überwiegende Zustimmung«,
1
für »gewisse Zustimmung« und
0
für »unentschieden«.

Bitte
entscheiden Sie
zwischen den
folgenden
Alternativen:

Zählen Sie jetzt bitte (getrennt für die rechte und die linke Seite der Skala) Ihre Punktwerte zusammen! Wo haben Sie mehr Punkte gesammelt — auf der X- oder auf der Y-Seite?

Wir wollen dem »X-Mann« zugestehen, daß er überall genug Beispiele für seine Theorie finden kann, daß es also viele Menschen zu geben scheint, welche lieber Aufgaben entgegennehmen, anstatt selbständig zu handeln. Wir sprechen aber in diesem Buch nicht umsonst so oft davon, wie sehr das Verhalten des einzelnen von anderen abhängig ist. Wer im Elternhaus, in der Schule, beim Militär und dann in seiner Lehr-

X-Typ

1a)	Dem Durchschnittsmenschen ist eine Abneigung gegenüber der Arbeit angeboren, und er versucht, Arbeit zu vermeiden, wo immer er kann.	3	2	1	0
2a)	Als Folge der Abneigung gegenüber der Arbeit muß der Mensch gezwungen, kontrolliert, bedroht oder bestraft werden, um die erwartete Leistung zu erbringen.	3	2	1	0
3a)	Der Durchschnittsmensch zieht es vor, angeleitet zu werden. Er versucht Verantwortung abzuwälzen, entwickelt wenig Ehrgeiz, verlangt nach Sicherheit und möchte sich vor allem wie die Mehrheit der Menschen verhalten.	3	2	1	0
4a)	Der Durchschnittsmensch nutzt seine intellektuellen Fähigkeiten nur teilweise aus, er denkt träge und unproduktiv.	3	2	1	0

Haben
Ihre Mitarbeiter
das Denken
aufgegeben?

zeit immer die Erfahrung gemacht hat, daß es einige wenige gibt, die bestimmen, und viele, die gehorchen müssen, wird natürlich nicht so schnell »umschalten« können, wenn eine andere Art der Zusammenarbeit von ihm verlangt wird.

Wenn Sie, lieber Leser, ein X-Typ sind und Ihre Mitarbeiter (oder Schüler) daran gewöhnt haben, kritiklos Ihre Anordnungen entgegenzunehmen, dürfen Sie sich nicht wundern, daß diese ihre Versuche, selbständig zu denken, aufgegeben haben. Und wenn Sie sagen »Die X-Theorie hat doch recht. Die Menschen sind dumm und faul!« — dann wird sich natürlich auch diese Auffassung erfüllen, weil Sie danach handeln und entsprechende Verhaltensweisen erzeugen. In der Verhaltenswissenschaft nennt man das eine »sich selbst erfüllende Prophezeihung«!

Y-Typ

0	1	2	3	Sich physisch oder geistig anzustrengen, ist dem Menschen ebenso eigen, wie der Spieltrieb. (Unabhängig davon kann eine bestimmte Arbeit natürlich befriedigend oder auch enttäuschend sein.)	1b)
0	1	2	3	Äußere Kontrolle und Androhung von Strafen sind nicht wirksam, Menschen zu veranlassen bestimmte Ziele zu erreichen. Im Grunde ziehen die Menschen es vor, Eigenverantwortung und Selbstkontrolle zu übernehmen.	2b)
0	1	2	3	Der Mensch übernimmt nicht Verantwortung, sondern sucht sie. Scheu vor Verantwortung, Mangel an Ehrgeiz und Sicherheitsdenken sind die Folgen von schlechten Erfahrungen, aber nicht charakteristisch für die Menschen.	3b)
0	1	2	3	Einfallsreichtum und Kreativität finden sich weit mehr, als man allgemein annimmt.	4b)

Tüchtig oder beliebt?

Eine gute
Führung muß
grundlegende
emotionale Bedürfnisse
in der Gruppe
erfüllen.

Gehen wir noch einmal zurück an den Anfang dieses Kapitels, zurück zu unserer Verkäuferin als »Knotenpunkt« mehrerer Kommunikatiosnetze. Abgesehen davon, daß diese junge Dame eine informelle Führungsposition in ihrem Viertel hat, kann man sich gut vorstellen, daß es ihr ganz einfach Spaß macht, täglich mit so vielen Menschen ins Gespräch zu kommen. Das Kommunikationsbedürfnis scheint ein Grundbedürfnis des Menschen zu sein. Damit haben wir den zweiten Grund, warum der Kreis als Kommunikations- und Arbeitsform dem Stern überlegen ist. Der Kreis erfüllt die Bedürfnisse nach sozialem Kontakt weitaus besser als der Stern.

Entsprechend wurde auch in dem von uns beschriebenen Experiment »Kreis — Kette — Stern« festgestellt, daß die Zufriedenheit und Motivation zur Zusammenarbeit in den Kreis-Gruppen am größten war. Langfristig wird sich diese Zufriedenheit auch auf die Arbeitsergebnisse dieser Gruppe auswirken, besonders wenn es um die Bewältigung schwieriger und ungewohnter Aufgaben geht. Selbständiges Denken läßt sich eben nicht anordnen. Wer auf die Bereitschaft (Motivation) zur Zusammenarbeit angewiesen ist, muß durch eine geeignete Organisationsform für ein möglichst dichtes Kommunikationsnetz sorgen. Dieses Netz — es soll noch einmal ganz deutlich gesagt werden — hat nicht nur die sachliche Funktion eines optimalen Informationsaustausches zur Lösung eines Problems. Es erfüllt auch grundlegende emotionale Bedürfnisse nach menschlichen Kontakten in der Gruppe.

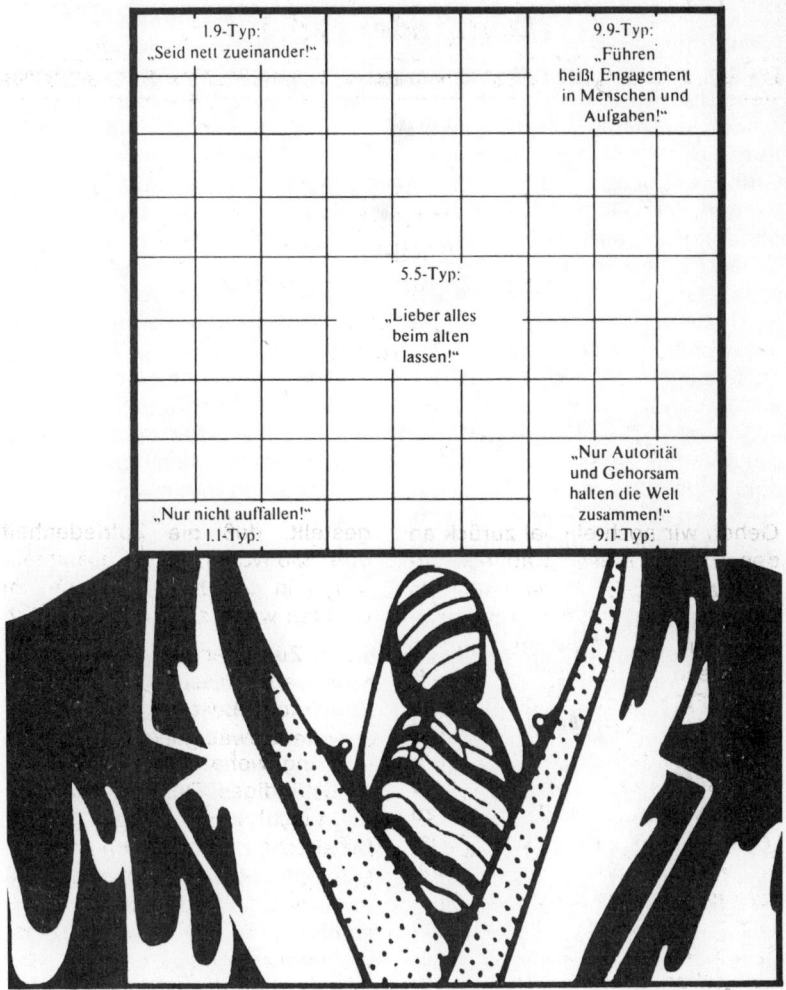

Eigentlich steht hinter jeder menschlichen Handlung irgendein emotionales Grundbedürfnis. Wir haben es nur lernen müssen, diese Wahrheit zu vergessen, und erfassen daher oft nur den »hal-ben Menschen«. Gewiß, es gibt das emotionale Grundbedürfnis des Menschen, etwas »zu leisten«. Ob aus diesem Bedürfnis eine Bergwanderung, ein Gedicht oder ein Verkaufsrekord am Jahresende entsteht, ist zunächst noch völlig ungewiß. Damit soll gesagt werden, daß »Bergwandern«, »Gedichte schreiben« oder »Geschäfte machen« nicht ohne weiteres dem dahinter stehenden Grundbedürfnis gleichgesetzt werden darf. Genau das ist aber oft der Fall, wenn wir heute in unserer Kultur von Leistung sprechen. Es wird uns eingeredet, Produktionsziffern, Pünktlichkeit am Arbeitsplatz oder der Monatsumsatz seien aus sich heraus gut und wertvoll. Die Emotionen, die der eigentliche Motor unserer Handlungen sind, sollen wir bei der Verfolgung dieser Ziele am besten zu Hause lassen — sie sind ja »unsachlich« und daher oft »störend«.

Wir haben gesagt, daß wir nur den halben Menschen erfassen, wenn wir glauben, bei der Verfolgung irgendwelcher sachlichen Ziele auf den Bereich unserer Gefühle und emotional bestimmten Wünsche verzichten zu können. Wissenschaftliche Untersuchungen zum Führungsverhalten haben festgestellt, daß es in unserer Gesellschaft tatsächlich eine Aufspaltung in zwei Führertypen zu geben scheint, die jeweils die »halbe« Seite der Führung verwirklichen: auf der einen Seite der sachliche, leistungsorientierte Typ (»der Tüchtige«), auf der anderen Seite der emotionale, personenorientierte Typ (»der Beliebte«). Schon in der Schule konnten wir die Beobachtung machen, daß Klassenprimus (»der

Tüchtige«) und Klassensprecher (»der Beliebte«) meist nicht identisch waren. Es sollte uns zu denken geben, daß der in unserem Kulturbereich verwendete Leistungsbegriff die emotionale Seite des Menschen zwar unbewußt, aber dennoch sehr wirksam auszuschließen oder zumindest in einen anderen Lebensbereich zu verweisen scheint. Aber es sollte noch mehr zu denken geben, daß langfristig diejenigen am erfolgreichsten sind, die nicht vergessen haben, daß hinter jeder Leistung menschliche Bedürfnisse stehen — also diejenigen, die es verstehen, in ihrem Verhalten die beiden Hälften »Sachlichkeit« und »Emotionalität« wieder zu einer Einheit zu integrieren. Die Amerikaner Blake und Mouton haben

diese beiden Komponenten in einem »Verhaltensgitter« dargestellt und kennzeichnen damit verschiedene Führungsstile. Die beiden Bereiche »Betonung des Menschen« und »Betonung der Leistung« werden in diesem Verhaltensgitter jeweils mit einer neunstufigen Skala bewertet. Zur Demonstration haben wir hier einmal fünf mögliche Kombinationen herausgegriffen:

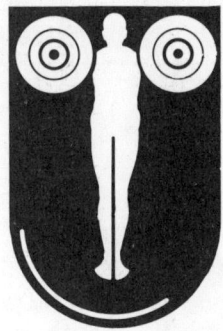

Unsere Aufgabe für Sie:
Welche Stellung geben Sie sich
und Ihren Mitarbeitern
im Verhaltensgitter?
Was geschieht nach Ihrer
Meinung, wenn zum Beispiel
ein 9.1-Verkaufschef mit einem
1.9-Kunden verhandelt?

Der 1.1-Typ:
Er geht den Weg des geringsten
Widerstandes. Eigentlich
interessiert ihn weder die Leistung
noch der Mensch. Tauchen
Schwierigkeiten auf, dann spielt
er U-Boot. Er ist anwesend und
doch abwesend.

Der 9.1-Typ:
Sein oberstes Gebot heißt
Leistung. Zwischenmenschliche
Beziehungen sind unerwünscht,
weil sie sich störend auf die
Arbeit auswirken könnten. Der
Mensch ist Mittel zum Zweck.
Menschliche Beziehungen
gründen sich auf Autorität und
Gehorsam.

Der 1.9-Typ:
Die Arbeitsatmosphäre ist
freundlich und entspannt. Treten
Schwierigkeiten auf, wird sanft
Humanität und guter Wille
gepredigt. Konflikte werden daher
möglichst vermieden oder
freundlich übergangen. Eigentlich
mag er gar nicht führen.

Der 5.5-Typ:
Er ist der Typ des konservativen
Kompromißlers. Eigentlich kann
er sich nie entscheiden, ob er
nun mit »Peitsche« oder »Zucker-
brot« locken soll. Er ist der
Durchschnittsmensch, der alles
lieber beim alten läßt, wenn es sich
einigermaßen bewährt hat.

Der 9.9-Typ:
Der Idealtyp im Verhaltensgitter.
Begeisterungsfähigkeit und
Einsatzbereitschaft werden mit
betonter menschlicher Zuwendung
verbunden. Konflikte werden
nicht vermieden, sondern offen
unter Berücksichtigung der
Interessen aller Beteiligten
ausgehandelt.

9. Rückmeldungen

„Das habe
ich getan,
– sagt mein Gedächtnis.
Das kann ich
nicht getan haben,
– sagt mein Stolz
und bleibt unerbittlich.
Endlich gibt das
Gedächtnis nach."
Fr. Nietzsche

Erinnern Sie sich noch an Ihre erste Fahrstunde: Bedrohlich rückt der rechte Straßenrand näher, ängstlich ziehen wir das Steuer nach links, und dort scheinen schon die entgegenkommenden Wagen darauf zu lauern, mit uns zusammenzustoßen. Allmählich lernen wir, die Abweichungen vom »rechten Weg« schneller zu erkennen und unser Fahrzeug entsprechend zu steuern. Der Kapitän eines Schiffes ist auf Leuchttürme oder Sterne angewiesen, um den richtigen Kurs bestimmen zu können. Abweichungen meldet der Navigations-Offizier sofort an die Brücke, und dann erhält der Steuermann die Anweisung, den Kurs entsprechend zu korrigieren. Mit diesen beiden Beispielen haben wir das klassische kybernetische Modell des Regelkreises beschrieben: Ein bestimmtes Ziel soll mit einer bestimmten Handlung erreicht werden. Der Grad der Zielerreichung wird laufend an den Handelnden zurückgemeldet. Führt die Handlung nicht zum Ziel, das heißt, liegt eine Abweichung vor, führt die Information über die Abweichung zu einer entsprechenden Reaktion des Handelnden.

Das Modell des Regelkreises macht sehr anschaulich klar, wie wichtig Informationen über die Ergebnisse unseres Handelns für uns sind. Führen wir das Beispiel mit der Fahrstunde noch einmal fort. Wenn sich das Auto im dichten Nebel befindet — den Fahrer also keine Rückmeldungen darüber erreichen, wo er sich gerade befindet — ist das Fahren unmöglich geworden. Solche Rückmeldungen brauchen wir auch im Umgang mit anderen Menschen, wenn wir wissen wollen, wo wir »gerade stehen«. Das Modell des

Regelkreises läßt sich auf jedes Gespräch anwenden. Wir haben ein bestimmtes Ziel — aus den Äußerungen unseres Partners entnehmen wir, daß wir unser Ziel nicht erreichen — wir ändern unsere Gesprächstaktik. Jetzt können wir auch verstehen, warum wir bei einem solchen Gespräch einen schweigenden Gesprächspartner nicht gern mögen. Auch wir irren dann in einem Nebel ohne Informationen herum, und die Redewendung »im Dunkeln tappen« drückt dies auch sehr gut aus!

Aber auch wenn der andere nicht bewußt schweigt, können wir seine Informationen falsch verstehen, aus den verschiedensten Gründen, wie wir später noch sehen werden. Um »Zusammenstöße« zu vermeiden, ist es aber wichtig, daß wir die Rückmeldungen anderer Menschen richtig empfangen und unsere eigenen Rückmeldungen von anderen richtig aufgenommen werden. In einer Gruppe spielt sich ähnliches ab wie bei dem bekannten Auto-Scooter auf der Kirmes: man empfängt Informationen, wohin die anderen sich bewegen, und auch unser eigener Kurs wird von den anderen registriert. Schließen wir einmal den Fall des bewußten Zusammenstoßes aus, dann prallen wir nur dann mit einem anderen zusammen, wenn er oder wir die Richtung, in die wir uns bewegen, falsch gedeutet haben. Beim Auto-Scooter könnten sich die Fahrer darauf einigen, nur rechts zu fahren und bestimmte Signale zur Verständigung vereinbaren. Alle Fahrer können sich

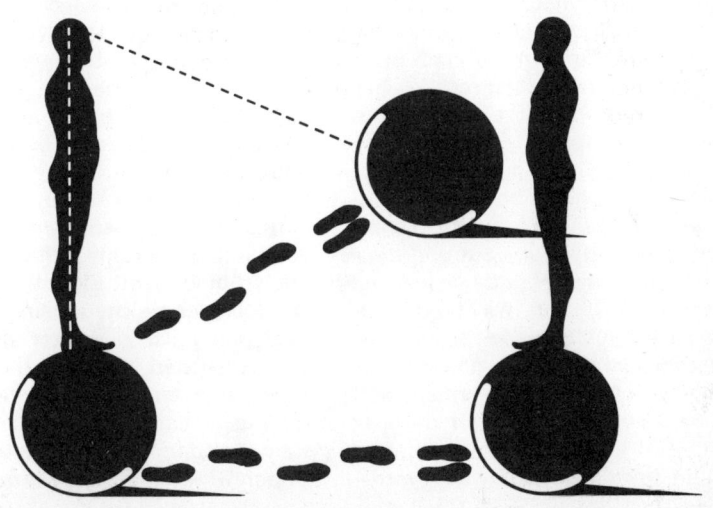

Wir müssen uns vergewissern, ob wir die Signale unseres Gesprächspartners richtig interpretieren!

dann freier und schneller bewegen. Und auch in einer Gruppe ist ein freieres und schnelleres Bewegen möglich, wenn bestimmte Regeln beim Austausch der Rückmeldungen beachtet werden. In der Gruppendynamik hat sich anstatt »Rückmeldung« der Ausdruck »Feedback« eingebürgert, wir wollen es auch hier im weiteren verwenden. Rückmeldung — Feedback — über die Auswirkungen unseres Verhaltens erhalten wir von anderen in allen möglichen Formen. Es kann auch unbewußt und nichtsprachlich gegeben werden: Wir erzählen eine — wie wir meinen — interessante Geschichte und bemerken, daß einer der Zuhörer anfängt zu gähnen. Unser Gehirn nimmt die Information »gähnen« auf und deutet diese als »Langeweile«. Ist uns der Zuhörer wichtig versuchen wir jetzt, wieder seine Aufmerksamkeit zu gewinnen. Der ganze Vorgang (Regelkreis) spielt sich also ab, ohne daß darüber ein Wort gesprochen wird, und ohne daß es beiden bewußt wird.

Ein einfaches Nachfragen hätte unter Umständen ergeben, daß der Zuhörer sich zwar für die Erzählung interessiert, aber einen sehr anstrengenden Tag hinter sich hat. Wir können also Verhaltensreaktionen falsch deuten und erhalten somit ein falsches Feedback. Aus dieser Einsicht ergibt sich die erste wichtige Regel für die Gesprächsführung: Da die Gefahr besteht, daß wir unseren Gesprächspartner falsch verstehen, müssen wir uns vergewissern, ob wir seine Signale richtig interpretieren. (Wie oft passiert es, daß zwei Streithähne am Ende eines langen Dialogs erkennen, daß sie eigentlich das gleiche gemeint und gewollt haben, und ihr ganzer Eifer nur auf einem Mißverständnis beruhte. Überrascht stellen beide fest: Eigentlich sind wir doch der gleichen Meinung!) Wir sollten also bewußter als bisher versuchen, Feedback richtig zu empfangen und auch zu übermitteln. Schon beim »Fenster mit dem blinden Fleck« (Seite 14) haben wir ja gesehen, wie wichtig es ganz allgemein ist, Informationen über sich zu geben und Informationen von anderen zu bekommen. Der Erzähler hätte also beispielsweise, als er das Gähnen bemerkte, fragen können: »Ich sehe, daß Sie gähnen. Ist Ihnen vielleicht meine Geschichte zu lang geworden?« (Diese Frage erscheint banal. Aber wie oft hat man Hemmungen, eine solche oder ähnliche Frage zu stellen!) Der Zuhörer hat jetzt Gelegenheit zu antworten und kann damit verhindern, daß Sie seine Reaktion falsch interpretieren: »Ich interessiere mich sehr für das, was Sie sagen. Aber ich bin jetzt zu müde und kann deshalb nicht mehr folgen! Gerade weil es so interessant ist, wäre es mir lieber, Sie würden mir morgen mehr darüber erzählen!«

Wir haben gesagt, daß es nicht nur wichtig ist, Feedback richtig zu empfangen. Ebenso wichtig ist es, anderen richtiges Feedback zu geben. Wenn wir hier anregen, anderen Menschen mehr als bisher Informationen darüber zu geben, wie sie auf uns wirken, dann ist dies nicht etwa Anstiftung zu einem vorlauten Verhalten. Wir haben oben schon den taktischen Schweiger erwähnt, der uns nicht sagen will, wie unsere Informationen bei ihm »angekommen« sind. Durch die fehlende Rückmeldung ist unsere Beziehung zu solchen Menschen

unklar (neblig!). Dieser Zustand wird mit Recht von uns als unangenehm empfunden. Im allgemeinen können wir daher annehmen, daß andere es dankbar registrieren, wenn wir ihnen sagen, wie ihr Verhalten auf uns wirkt. Die Frage »Was hältst Du von mir?« ist fast jedem Menschen sehr wichtig!

Warum müssen wir dann aber oft die Erfahrung machen, daß unser Feedback falsch ankommt und dann Aggressionen beim Gesprächspartner auslöst? Betrachten wir einmal die folgenden Formen des Feedback:

»Du bist unverschämt!«
»Du bist empfindlich!«
»Du willst mich ärgern!«
»Ich bin böse auf Dich!«
»Du bist nicht zuverlässig!«

Eigentlich liegt hier gar kein echtes Feedback vor. Wir haben nicht gesagt, wie der andere auf uns wirkt, also sein konkretes Verhalten beschrieben, sondern wir haben schon gesagt, wie wir den anderen bewerten (bzw. abwerten!). Wenn wir sagen »Du bist unverschämt!« oder »Du willst mich ärgern!«, so unterstellen wir dem anderen bestimmte Charakterzüge oder Motive seines Handelns. Wir interpretieren damit sein Verhalten, ohne zu sagen, wie dieses Verhalten eigentlich genau aussieht.

Wir wollen den Unterschied zwischen beschriebenem und interpretiertem Verhalten noch deutlicher machen. Wir haben vielleicht gerade einem anderen ge-

sagt: »Du bist arrogant!« Zu diesem Schluß sind wir durch ein **beobachtetes** Verhalten gekommen: Unser Gesprächspartner hat die Augenbrauen gehoben, als wir eben etwas sagten. Er hat uns nicht gegrüßt, als er den Raum betrat. Er hat immer ein »ironisches« Lächeln um die Mundwinkel. Durch diese Beobachtungen kommen wir zu dem Schluß: Dieser Mann ist arrogant! Vielleicht steckt aber hinter all diesen Verhaltensweisen nur Unsicherheit? Immerhin wäre ja auch diese Interpretation möglich. Wie können wir nun unsere Interpretation überprüfen? Indem wir diesem Mann nicht sagen, wie wir sein Verhalten **empfinden,** sondern wie wir es **sehen.** Diese Regel zwingt uns dazu, unser Feedback mit einem konkreten Inhalt zu füllen: »Als ich eben meine Meinung vertreten habe, zogst Du Deine Mundwinkel herab. Du machst dies öfters, wenn andere etwas sagen, und wirkst damit auf mich arrogant . . .«.

Auch die Information »Ich bin böse auf Dich!« ist nicht sehr präzise. Wir teilen dem anderen zwar hier etwas über unsere eigenen Gefühle mit und geben ihm damit eine Information über uns. Aber wir helfen ihm damit nicht, sich selbst klarer zu sehen. Als wir sagten, daß wir böse seien, meinten wir das vielleicht als ernstgemeinte Information und nicht als Anklage. Unser Gesprächspartner kann es aber als Ausdruck unseres Ärgers oder als eine Anklage interpretieren. Anklagen erzeugen aber meistens defensive Gegenanklagen! Wir erhalten dann die Rückmeldung: »Ich bin auch böse auf Dich, weil...«. Auch unsere eigenen Gefühle können wir genauer ausdrücken. Statt eines allgemeinen »Ich bin böse...« sagen wir vielleicht: »Ich habe Angst, weil Du jetzt so schnell fährst!« oder »Ich ärgere mich, weil Du mich dauernd unterbrichst!«

Auch wenn wir unsere Gefühle gegenüber einem anderen Menschen ausdrücken, sollten wir versuchen, ihm ganz konkret sein Verhalten mitzuteilen, das diese Gefühle in uns ausgelöst hat. Wir helfen ihm damit, sich selbst und uns besser zu verstehen! Oft geschieht das Heben der Augenbrauen oder das Herabziehen der Mundwinkel ja unbewußt, und wenn es uns niemand sagt, können wir nicht wissen, daß dieses Verhalten bei anderen das Signal »arrogant« auslöst. Vielleicht fährt der sportliche Fahrer nur deshalb so schnell, weil er glaubt, seiner Beifahrerin mache dies genau so viel Spaß wie ihm! Achten Sie einmal darauf, wie oft in Ihrer Umgebung unpräzises Feedback gegeben wird, das keinem der Beteiligten etwas nützt: interpretierend, wertend, defensiv, ausdrücken von Gefühlen, ohne die Ursachen anzugeben.

Zum Abschluß dieses Abschnitts wollen wir noch anregen, in Zukunft auch positives Feedback genauer zu geben. Statt einfach »Du bist Klasse!« sagen wir vielleicht: »Dein Humor hilft mir oft, wenn ich deprimiert bin!« Nehmen Sie sich als kleine Übung für den nächsten Tag einmal vor, nur zu beschreiben anstatt zu interpretieren. Sie werden schnell feststellen, daß Sie sich auch der Ursachen für Ihre Gefühle gegenüber anderen Menschen klarer werden, als dies bisher der Fall war!

Literatur:
L. Bradford u. a. (1972)
K. Antons (1973)

Für das Leben in Gruppen
müssen wir neue
Verhaltensweisen entwickeln!

In seinem Buch »Die Gruppe« beschreibt Horst E. Richter sehr anschaulich die Probleme und Schwierigkeiten in sogenannten Initiativ-Gruppen. Wohngruppen, Kinderläden, Elterninitiativen, studentische Arbeitsgruppen werden mit viel Enthusiasmus gegründet und dann enttäuscht wieder aufgelöst. »Man hat sich nicht verstanden«. »Die Interessen waren zu unterschiedlich«. »Die sachlichen Probleme konnten nicht gelöst werden«. Solche und ähnliche Erklärungen werden angeführt, um das Scheitern zu begründen. Und seit der spektakulären Auflösung der ersten »Kommunen« gibt es genug Stimmen, die daraus den Beweis ableiten, daß der Mensch eben ein Einzelwesen und die Gemeinschaft »Ehe« die einzige ihm gemäße Form des Zusammenschlusses sei. Diese Schlußfolgerung ist allerdings etwas voreilig. Wie kann man von Menschen, die von Kindheit zum Individualismus erzogen worden sind, erwarten, daß sie sich sofort die neuen Verhaltensweisen aneignen, die zum Leben in Gruppen nun einmal notwendig sind! — »Vertraue auf Dich und sonst niemanden!« »Gebrauche Deine Ellenbogen!« »Nur der Beste setzt sich durch!« Wer mit solchen Leitsätzen groß geworden ist, hat es auch gelernt, daß man nie sagen darf, was man denkt, und daß eine höfliche Maske der beste Selbstschutz ist. Einem anderen zu sagen, was man von ihm denkt, ist nicht nur ungehörig, sondern löst auch Unbehagen aus! Mit einem Wort — wir alle haben es mehr oder weniger gelernt, unseren Mitmenschen zunächst mit der Haltung des Mißtrauens zu begegnen. Diese Einstellung ist zwar im Laufe der Zeit bei uns ins Unterbewußtsein gesunken, bleibt aber dennoch sehr wirksam.

Sie werden dem jetzt vielleicht entgegenhalten, daß für Sie diese Einstellung nicht gilt. Sie suchen ja gerade Kontakt, wollen einem Verein beitreten, arbeiten in einem Initiativkreis mit... Bestimmt haben Sie aber nicht vergessen, welche Gefühle Sie während des ersten Zusammentreffens mit einer Gruppe Ihnen völlig fremder Menschen hatten: »Wie wird man mich aufnehmen?« — »Was hält man hier von mir?« — Diese oder ähnliche Fragen werden Sie neben der Freude, andere Menschen kennenzulernen, bestimmt auch bewegt haben. Sie bleiben auch gültig, wenn eine Gruppe von Menschen schon längere Zeit zusammen ist. Wir glauben dann zwar sie beantworten zu können, aber ganz sicher sind wir eben doch nicht.

Nimmt der Prozeß des gegenseitigen Kennenlernens in einer Gruppe einen falschen Weg, kommt es bald zu gegenseitigem Mißtrauen, mangelndem Verständnis, Unterstellen von Motiven (»Ihm geht es nur um seinen Vorteil!«) oder sogar zu Zwangsvorstellungen (»Er mag mich nicht!«). Schließlich gehen sich alle aus dem Weg und belauern sich gegenseitig: »Was denkt der andere jetzt von mir?« — »Wie kann ich meine Interessen am besten durchsetzen, ohne die anderen das merken zu lassen?« Schließlich ist der Zustand erreicht, den Sartre so treffend in einem seiner Dramen mit dem Satz umschreibt: »Die Hölle, das sind die anderen!« Schließlich trennt man sich, und um das eigene Versagen zu bemänteln, sucht man nach Begründungen — Unvereinbarkeit der Charaktere, man paßt nicht zusammen, die Interessen waren zu unterschiedlich . . .

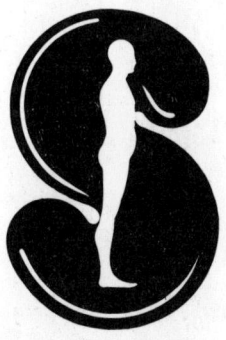

Feedback-Sitzungen sollten für alle Gruppen, die regelmäßig zusammenkommen, zu einer festen Einrichtung werden.

Am Anfang dieses Abschnitts haben wir deutlich gemacht, wie ein solcher Zustand durch das falsche Interpretieren von Signalen anderer oder durch schlechtes Feedback-Verhalten entstehen kann. Selbst wenn man diese Gefahren erkennt und versucht offen zu sein, entstehen laufend Mißverständnisse und Ärger neu. Die Gruppen, die Horst E. Richter in seinem Buch beschreibt, wurden regelmäßig von ihm beraten, um solche Probleme rechtzeitig zu erkennen und Lösungswege zu suchen. Nun haben Sie in Ihrer Gruppe aber wahrscheinlich nicht ständig einen psychologisch oder gruppendynamisch ausgebildeten Berater zur Verfügung, der die Gruppe mit sich selbst konfrontiert, ihr also gewissermaßen den Spiegel vorhält: »Seht, so seid Ihr in dieser Gruppe, und so versucht Ihr Eure Probleme zu lösen...«. Die folgenden Spiele sollen nun zwar nicht einen ausgebildeten Berater ersetzen, aber sie bieten doch die Möglichkeit für eine Gruppe, gegenseitig in mehr oder weniger spielerischer Form Feedback zu geben und zu empfangen. Sich gegenseitig offen zu sagen, wie man den anderen wahrnimmt, welche Motive man in ihm vermutet, welche Gefühle er bei uns auslöst und selbst dieses Feedback von anderen entgegenzunehmen — das ist nicht nur der erste, sondern auch der wichtigste Schritt zur Klärung von Mißverständnissen und zur Aufarbeitung schwelender Konflikte.

Feedback-Sitzungen sollten eigentlich alle Gruppen, welche regelmäßig zu einem bestimmten Zweck zusammenkommen — von den oben erwähnten Wohngemeinschaften bis zum Festausschuß eines Vereins — zu einer festen Einrichtung bei ihren Zusammenkünften machen. Ob nun dafür ein besonderer Tag vorgesehen wird, oder ob im Anschluß an jede Zusammenkunft eine Feedback-Phase stattfindet, ist gleichgültig; es sollte zur Gewohnheit werden, wie für manche Leute das Bad am Samstagvormittag! Zwischenmenschliche Probleme haben meist nicht nur einen sachlichen, sondern oft einen überwiegend emotionalen Hintergrund. Sie können vielleicht verhindern, daß eine Gruppe sich einredet, nicht zusammenarbeiten zu können, weil verletzte Eitelkeit und Mißverständnisse es unmöglich machen, vernünftig miteinander zu reden.

In einer gut funktionierenden Gruppe sollte offenes Feedback selbstverständlich sein. Wenn dies erst einmal geübt wurde, wird der Vorteil von offenen Rückmeldungen auch schnell erkannt. Man arbeitet einfach reibungsloser zusammen, weil Differenzen sofort geklärt werden können, bevor sie zu Aggressionen oder strategischen Abwehrmaßnahmen führen. Wir dürfen aber nicht vergessen, daß wir das richtige Rückmelden meist nicht gelernt haben und es uns vielleicht sogar zunächst peinlich ist. Hier sind die von uns vorgeschlagenen Feedback-Spiele eine Hilfe. Oft findet man vielleicht auch gar nicht die richtigen Worte, um auszudrücken, was man dem anderen sagen will. Das Umschreiben von Eindrücken ist dann oft leichter, weil man sich ohnehin in der Umgangssprache des Vergleichs bedient, um etwas auszudrücken, wozu sonst lange Erklärungen notwendig wären: »Wie ein Fisch im Wasser...«, »Unter einer zentnerschweren Last...« sind z. B. Bilder, die weitaus plastischer sind als viele Worte. Der Grundgedanke bei unseren Feedback-Spielen ist, daß man oft Schwierigkeiten hat, genau auszudrücken, was am anderen stört oder gefällt. Um sich erst einmal daran zu gewöhnen, öfter als bisher Feedback zu geben, sind solche und ähnliche Spiele, die Sie übrigens auch selbst•erfinden können, ein guter Anfang. Unsere Spielregeln auf der Seite 135 werden Ihnen dabei helfen, anderen präziser als bisher mitzuteilen, was Sie ihnen sagen wollen. Machen Sie auch Ihren Gesprächspartner, der diese Regel nicht beachtet, darauf aufmerksam. Manches Mißverständnis im Gespräch wird dann gar nicht erst entstehen.

Oft wagt man nicht, seine wahren Gefühle auszudrücken. Diese Spiele helfen Ihnen, falsche Hemmungen abzubauen!

Erstes Feedback-Spiel:
Paar-Interview

Nach einer normalen Arbeitssitzung sucht sich jedes Gruppenmitglied einen Partner, bei dem man das Gefühl hat, daß bei der Arbeit entstandene Meinungsverschiedenheiten oder Konflikte noch nicht für beide Seiten zufriedenstellend gelöst wurden. Überprüfen Sie jetzt den Eindruck, den Sie von Ihrem Partner während der Arbeitssitzung bekommen haben. Gehen Sie von der Möglichkeit aus, daß Sie sein Verhalten vielleicht falsch wahrgenommen oder falsch interpretiert haben könnten.

Fragen Sie Ihren Partner:
welche Gefühle er während der Gruppensitzung gegen Sie und die Gruppe hatte,
wie er sein eigenes Verhalten während der Gruppensitzung wahrgenommen hat,
ob er der Meinung ist, daß er mit seinem Verhalten der Gruppe seine wirklichen Gefühle deutlich machen konnte.

Oft wagt man während eines Gesprächs nicht, seine wahren Gefühle auszudrücken. Man will vielleicht den Gesprächsverlauf nicht stören, oder man wird sich seiner wahren Gefühle im Eifer des Gefechts gar nicht erst bewußt. Ein Gruppenmitglied fühlt sich z. B. von einem anderen übergangen und ist ärgerlich darüber (emotionale Ebene). Er drückt seinen Ärger aber nicht deutlich aus, sondern greift ständig Vorschläge und Ideen des anderen an (sachliche Ebene). Im Interview können Sie mit unseren Fragen Ihrem Gesprächspartner helfen, sich selbst noch einmal darüber klar zu werden, ob Denken, Fühlen und Handeln bei ihm eine Einheit gebildet haben.

Geben Sie Ihrem Partner anschließend Feedback, um seinen »blinden Fleck« aufzuhellen.

Fragen Sie Ihren Partner:
wie Sie sein Verhalten gesehen haben,
welche Gefühle Ihrer Ansicht nach hinter diesem Verhalten steckten,
und welche Gefühle das Verhalten Ihres Partners bei Ihnen ausgelöst hat.

**Beachten Sie dabei die Regeln
für richtiges Feedback!**

Anschließend werden die gleichen
Fragen mit vertauschten Rollen
gestellt.

Sie erreichen durch diese Übung,
daß Sie und Ihr Partner offener
gegeneinander werden und die
Standpunkte des anderen besser
erkennen und auch verstehen
können.

Gegensätzliche Standpunkte resultieren oft nicht daraus, daß
einer der beiden Kontrahenten
die Lage »falsch« einschätzt, sondern daß der objektive Tatbestand
von beiden lediglich aus einer

unterschiedlichen Problemsicht
heraus verstanden wird: Der eine
sagt beispielsweise: »Ich finde es
gut, daß unser Vorgesetzter uns
so klare Anweisungen gibt. Unsere Arbeit wird dadurch viel
reibungsloser!«, sein Kollege dagegen meint: »Unser Vorgesetzter ist ein Diktator!« und beide
sind aufgrund derselben Verhaltensweisen zu ihren Schlüssen
gekommen.

Das Ziel des Paar-Interviews ist
es, Probleme auch aus der Sicht
von anderen zu sehen und dadurch für andere Auffassungen
empfänglicher zu werden, indem
wir unserem Gesprächspartner
Gelegenheit geben, zu unserem
Feedback Stellung zu nehmen.

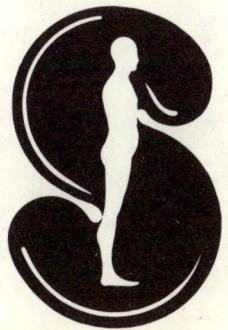

Das folgende Spiel
soll den Blick dafür schärfen,
wie unterschiedlich
jeder in einer
Gruppe von den anderen
beurteilt wird.

Zweites Feedback-Spiel:
Masken verteilen

Wir sehen andere Menschen durch unsere subjektiv gefärbte Brille. Durch diese Brille erscheint uns Herr Meyer als lustiger Spaßvogel, während die Brille unseres Nachbarn ihn als albernen Wirrkopf wahrnimmt. Herr Meyer selbst hingegen hält sich vielleicht gar für zynisch. Keine dieser Sichtweisen kann für sich beanspruchen, die »richtige« zu sein. Aber ein Körnchen Wahrheit findet sich in jeder. Das folgende Spiel soll den Mitgliedern einer Gruppe nicht nur helfen, sich selbst im Spiegel der anderen besser zu erkennen, sondern auch den Blick dafür schärfen, wie unterschiedlich sich doch die einzelnen Gruppenmitglieder wahrnehmen.

Die Aufgabe für die Gruppe: Jeder zeichnet zunächst für sich allein, ohne die anderen in seine Zeichnung Einblick nehmen zu lassen, seine eigene Maske. Die Maske soll möglichst genau ausdrücken, wie sich das Gruppenmitglied »hier und jetzt« fühlt, in diesem Augenblick, in dieser Situation. Es kommt nicht darauf an, daß gut, sondern daß ehrlich gezeichnet wird.

Anschließend sucht sich jeder zwei oder drei beliebige andere Gruppenmitglieder aus, deren Masken er zeichnen möchte. Die Maske soll wieder möglichst deutlich ausdrücken, wie diese Gruppenmitglieder von dem Zeichner gesehen werden.

Die Gruppenmitglieder setzen sich jetzt in einem Kreis zusammen. Der Reihe nach zeigt nun jedes Gruppenmitglied den anderen seine Maske und erklärt ihre Bedeutung. Diejenigen, die auch eine Maske dieses Gruppenmitglieds gezeichnet haben, nehmen dann dazu Stellung und begründen eventuell, warum sie den Zeichner anders gesehen haben.

Eine allgemeine Diskussion soll aber erst dann stattfinden, wenn alle Gruppenmitglieder ihre Masken erklärt haben. Dieses Spiel macht einmal deutlich, daß unser eigenes Bild von uns meist nicht das der anderen ist. Wir haben Gelegenheit, unser Selbstbild zu korrigieren und eventuell auch zu verteidigen, wenn wir das Gefühl haben, daß die Wahrnehmungen der anderen nicht richtig sind.

Wir können übrigens dieses Spiel noch in einer anderen Richtung auswerten:

Wer wurde von den anderen Gruppenmitgliedern am häufigsten, wer am wenigsten gezeichnet? Was war der Grund für diese häufige bzw. seltene Wahl?
Wer wurde in der Gruppe von den Gruppenmitgliedern am unterschiedlichsten wahrgenommen, und warum?
Sagt die Art, wie jemand einen anderen zeichnet, auch etwas über seine Beziehungen zu dem anderen aus?

Während die erste Frage der Gruppendiskussion helfen soll,

die »blinden Flecke« der einzelnen Gruppenmitglieder zu verkleinern, also dem individuellen Feedback dienen, klären die letzten Fragen die Beziehungen innerhalb der ganzen Gruppe, sind also eine Art Feedback über die Gruppenstruktur.

> In diesem Spiel
> wird unsere
> Selbsteinschätzung
> durch die anderen
> Gruppenmitglieder
> korrigiert!

Drittes Feedback-Spiel:
Berufswahl

Dieses Spiel ist eine Abwandlung von »Masken verteilen«. Die Gruppe sollte nicht mehr als sechs Mitglieder haben. Ist die Gruppe größer, muß sie sich entsprechend in Untergruppen aufteilen.
Aufgabe: Die Gruppe muß jedem einzelnen Gruppenmitglied einen neuen Beruf zuteilen.
Jedes Gruppenmitglied wählt zunächst für sich einen bestimmten Beruf, von dem es glaubt, daß dieser am ehesten über sein Wesen etwas aussagt. Der gewählte Beruf darf den anderen zunächst

nicht mitgeteilt werden. Dann teilt jeder auch den anderen aus der Gruppe einen bestimmten Beruf, der für ihn typisch wäre, zu. Dann muß sich die Gruppe auf **einen** Beruf für jedes Gruppenmitglied einigen. Der Reihe nach wird über jedes Gruppenmitglied verhandelt. Jeder hat dabei das

Recht, die Wahl der anderen abzulehnen, muß diese Ablehnung aber begründen!

Dieses Spiel gibt Aufschluß über die Differenz von Selbst- und Fremdbildern. Man kann erkennen, ob eigenes Gefühl und von den anderen beobachtetes Verhalten bei den einzelnen Gruppenmitgliedern übereinstimmen.

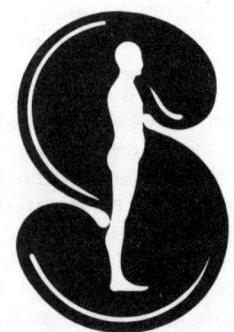

Anstelle der Berufe können auch Tiere, Karnevalskostüme oder historische Figuren gewählt werden.

Regeln für richtiges Feedback

Versuchen Sie,
die folgenden
Regeln auch im Alltag
anzuwenden!
Zunächst zehn Regeln
für das Geben
von Feedback:

1. Prüfen Sie die Bereitschaft des Empfängers!

Einem anderen Feedback geben, heißt ihm gegenüber offen sein. Prüfen Sie daher das Maß und den Zeitpunkt Ihrer Offenheit! Lassen Sie den anderen Zeit, sich an Ihr Feedback zu gewöhnen! Ungewohnte Offenheit kann auch zunächst schockierend sein und die Bereitschaft des anderen, Ihnen zuzuhören, blockieren. Gehen Sie also langsam vor!

2. Prüfen Sie die Angemessenheit Ihres Feedbacks!

Prüfen Sie, ob Ihr Feedback wirklich hilfreich für den anderen und ob es dem Gesprächsverlauf angemessen ist! Denken Sie also vorher darüber nach, ob Sie vielleicht nur Ihre eigenen Aggressionen loswerden wollen! Ist Ihr Feedback brauchbar, kann der Empfänger des Feedbacks sein Verhalten daraufhin ändern? Ist

die Information, die Sie ihm geben, wichtig für ihn und die besprochene Sache?

3. Prüfen Sie den Zeitpunkt Ihres Feedbacks!

Seien Sie spontan in Ihren Informationen! Lassen Sie Ihren Ärger nicht gären! Sie helfen Ihrem Gesprächspartner am besten dadurch, wenn Sie sich nicht auf früheres Verhalten, sondern auf das »Hier« und »Jetzt« beziehen!

4. Prüfen Sie das Maß Ihres Feedbacks!

Beziehen Sie sich nur auf das aktuelle Verhalten Ihres Gesprächspartners! Es ist zwar schön, einmal »Dampf abzulassen«. Mit einer umfassenden Charakteranalyse kann der andere aber wenig anfangen. Denken Sie daran, daß die Aufnahmefähigkeit des Menschen für neue Informationen begrenzt ist.

5. Prüfen Sie, ob Ihr Feedback von dem Empfänger erbeten wird!

Denken Sie daran, daß jeder Mensch Wahrnehmungsschranken hat! Er kann nur einen Teil der Informationen aus seiner Umwelt aufnehmen, und das auch nur, wenn er dafür offen ist. Prüfen Sie, ob Ihr Gesprächspartner wirklich an Ihren Informationen interessiert ist. Am besten ist es, wenn der Empfänger das Feedback selbst erbittet. Wenn er z. B. fragt: »Sehe ich das jetzt falsch?« oder »Ich bin mir nicht sicher, ob...«, zeigt uns dies, daß er unsicher und offen für unsere Informationen ist.

6. Seien Sie konkret in Ihrem Feedback!

Sagen Sie nicht allgemein: »Sie sind dominant... arrogant... Sie machen Ausflüchte...«. In etwa bedeutet das nämlich: dominant, arrogant, Ausflüchte machen — das ist Ihre Persönlichkeit. Sagen Sie also konkret, was Sie hier und jetzt an Ihrem Gesprächspartner wahrnehmen: »Jetzt haben Sie mich unterbrochen...« — »Sie lächeln in diesem Moment sehr ironisch...« — »Es kann sein, daß Sie meine Frage falsch verstanden haben...«

7. Seien Sie beschreibend in Ihrem Feedback!

»Sie haben ja Komplexe!« »Sie wollen nur Ihre Weste reinwaschen!« — Mit solchen Aussagen interpretieren Sie das Verhalten Ihres Gesprächspartners. Sinn Ihrer Information ist es aber nicht, psychologische Hypothesen über andere Menschen zu liefern. Sie sind kein Psychiater! Interpretationen wirken meist überheblich und erzeugen entsprechende Abwehrreaktionen. Beziehen Sie sich in Ihren Informationen immer nur auf das Ihnen sichtbare Verhalten.

8. Klären Sie die Motive für Ihr Feedback!

Denken Sie daran, daß hinter Ihren Informationen auch eigene Bedürfnisse und Wünsche liegen! Geben Sie also auch bekannt, welche Gefühle das Verhalten Ihrer Gesprächspartner in Ihnen auslöst, und warum Sie jetzt Feedback liefern! Mißbrauchen Sie nicht diese Regeln, um ein Besserwisser oder Richter über andere zu werden! Helfen Sie also nicht nur anderen, sondern auch sich selbst, indem Sie sich über Ihre eigenen Gefühle, die hinter Ihren Informationen liegen, klar werden: Was empfinde ich dabei? — Warum sage ich dies jetzt? — Was will ich eigentlich erreichen?

9. Prüfen Sie, ob Ihr Feedback richtig ankommt!

Signale werden nie ohne Störungen übermittelt. Ihr Gesprächspartner kann Sie auch falsch verstanden haben. Prüfen Sie daher beim Geben von Feedback auch die Reaktion des Empfängers. Lassen Sie sich in seinen eigenen Worten wiederholen, was Sie gesagt haben und berichtigen es, wenn Sie das Gefühl haben, falsch verstanden worden zu sein.

10. Prüfen Sie Ihre eigene Urteilsfähigkeit!

Fragen Sie sich zuerst, ob es Ihnen Ihre eigene Gefühlslage im Augenblick vielleicht erschwert, den anderen richtig wahrzunehmen. Vielleicht sind sie »blind vor Wut«? Haben es die anderen auch so erlebt oder gesehen? Diese Frage bewahrt Sie davor, den anderen nur mit Scheuklappen zu sehen.

Regeln für das Empfangen von Feedback

1. Bitten Sie die anderen möglichst oft um Feedback!

Richtiges Geben und Empfangen von Feedback ist für die meisten Menschen ungewohnt. Man verläßt sich auf seine Überzeugungen und Vorurteile, ohne sie auszusprechen. Sie können also durch Ihr eigenes Verhalten andere dazu »erziehen«, besser miteinander umzugehen, wenn Sie durch Ihr eigenes Verhalten zeigen, wie man es besser machen kann. Denken Sie auch daran, daß andere Sie anders sehen, als Sie sich selbst. Ihre Grundeinstellung sollte sein: Meine eigene Wahrnehmungsfähigkeit ist begrenzt, und andere Menschen können mir deshalb helfen, mich und andere objektiver zu sehen.

2. Sagen Sie konkret, welche Informationen Sie haben wollen!

Sagen Sie also nicht allgemein: »Wie wirke ich auf Sie?«, sondern: »Fühlen Sie sich durch meinen Gesprächsbeitrag jetzt überfahren?«

3. Vermeiden Sie zu argumentieren oder sich zu verteidigen!

Auch der Angriff eines anderen ist eine Art Feedback: Es kann z. B. die Information sein, daß er sich über ein bestimmtes Verhalten von Ihnen ärgert. Gehen Sie also nicht sofort zum Gegenangriff über, sondern fragen Sie nach. Erklären Sie ihm die zehn Feedback-Regeln, damit er Ihnen besser sagen kann, was er meint.

4. Überprüfen Sie die Bedeutung von Informationen!

Fragen Sie sich, was der andere mit seiner Information über Sie eigentlich ausdrücken wollte. Was meint er wirklich, wenn er sagt: »Sie sind unhöflich!« Bitten Sie ihn, er möge Ihr Verhalten konkret beschreiben. Wiederholen Sie das Feedback möglichst mit eigenen Worten.

5. Teilen Sie Ihre Reaktionen mit!

Die anderen werden zunächst Hemmungen haben, Ihnen offen zu sagen, was sie über Sie denken. Meistens wirkt eine offene Aussprache zwar für alle Beteiligten befreiend, aber diese Erfahrung muß erst einmal gemacht werden. Sie tragen zu dieser Befreiung bei, wenn Sie anderen sofort sagen, wie Sie eine Äußerung über sich aufgenommen haben, egal ob Sie sich darüber ärgern oder ob Sie sich freuen. Auf jeden Fall wissen die anderen jetzt, wie es »in Ihnen aussieht«.

Können Sie überzeugen?

Musterbeispiel
für einen
hervorragend aufgebauten
Vortrag.
Versuchen Sie sich
als Marc Anton!

Ob es nun die Geburtstagsfeier des Chefs, das Vereinsjubiläum oder eine wichtige Verhandlung ist — wir alle sind irgendwann einmal gezwungen, als Redner öffentlich unsere Stimme zu erheben. Die notwendige Sicherheit hierfür gewinnen wir natürlich nur durch entsprechende Übung. Aber irgendwann ist immer »das erste Mal«. Und je wichtiger es dann für uns ist, daß wir eine Sache überzeugend vertreten müssen, desto sorgfältiger sollten wir darauf achten, daß wir schon vorher unsere rhetorischen Waffen geschmiedet haben.

Versuchen Sie also nicht nur, »die Sache möglichst ehrenvoll hinter sich zu bringen«, weil Sie »ja doch ein schlechter Redner sind und es immer bleiben werden«, sondern rüsten Sie sich für den Ernstfall. Warten Sie nicht ab, bis Ihnen die Mienen Ihrer Zuhörer Feedback darüber geben, wie gut Sie mit Ihrer Rhetorik Menschen fesseln können.

Sie finden auf der nächsten Seite die Leichenrede des Marc Anton aus Shakespeare's Drama »Julius Cäsar«. Sie ist ein Musterbeispiel für einen hervorragend aufgebauten Vortrag. Beachten Sie, wie ruhig diese Rede anfängt, sich dann immer mehr steigert, bis sie schließlich ihren spannungsgeladenen Höhepunkt erreicht.

Unsere Aufgabe für Sie: Sprechen Sie die Rede zunächst auf Band. Sie werden feststellen, daß Sie in den verschiedenen Redeabschnitten unter einer Fülle verschiedener Ausdrucksmöglichkeiten wählen können. Wählen Sie zunächst für jeden der vier Abschnitte nur eine Möglichkeit. Versuchen Sie, diesen Ausdruck so treffend wie möglich wiederzugeben. Spielen Sie dann die Rede Ihren Freunden vor. Lassen Sie Ihre Freunde

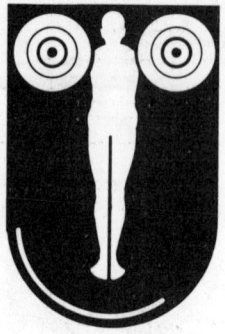

für jeden Redeabschnitt ankreuzen, welchen Ausdruck Sie am ehesten getroffen haben, ohne ihnen natürlich zu verraten, welche Möglichkeit Sie in Wirklichkeit gewählt haben. Sie bekommen damit ein Feedback, wie Ihre Stimme tatsächlich auf andere Menschen wirkt.

Leichenrede des Marc Anton

1.

	gelassen
	freundlich
	nachdenklich

Mitbürger! Freunde! Römer, hört mich an:
Begraben will ich Cäsarn, nicht ihn preisen.
Was Menschen Übles tun, das überlebt sie,
Das Gute wird mit ihnen oft begraben.

2.

	mahnend
	düster
	traurig

So sei es auch mit Cäsarn! Der edle Brutus
Hat euch gesagt, daß er voll Herrschsucht war;
Und war er das, so war's ein schwer Vergehen,
Und schwer hat Cäsar auch dafür gebüßt.
Hier, mit des Brutus Willen und der andern
(Denn Brutus ist ein ehrenwerter Mann,
Das sind sie alle, alle ehrenwert)
Komm' ich, bei Cäsars Leichenzug zu reden.

3.

	eindringlich		
	gefühlvoll		
	fragend		

Er war mein Freund, war mir gerecht und treu:
Doch Brutus sagt, daß er voll Herrschsucht war,
Und Brutus ist ein ehrenwerter Mann.
Er brachte viel Gefang'ne heim nach Rom,
Wofür das Lösegeld den Schatz gefüllt.
Sah das der Herrschsucht wohl am Cäsar gleich?
Wenn Arme zu ihm schrien, so weinte Cäsar:
Die Herrschsucht sollt' aus härterm Stoff bestehn.
Doch Brutus sagt, daß er voll Herrschsucht war,
Und Brutus ist ein ehrenwerter Mann.
Ihr alle saht, wie am Lupercus-Fest
Ich dreimal ihm die Königskrone bot,
Die dreimal er geweigert. War das Herrschsucht?
Doch Brutus sagt, daß er voll Herrschsucht war,
Und ist gewiß ein ehrenwerter Mann.
Ich will, was Brutus sprach, nicht widerlegen,
Ich spreche hier von dem nur, was ich weiß.

4.

	drohend		
	wütend		
	auffordernd		

Ihr liebtet all' ihn einst nicht ohne Grund:
Was für ein Grund wehrt euch, um ihn zu trauern?
O Urteil, du entflohst zum blöden Vieh,
Der Mensch ward unvernünftig! – Habt Geduld!
Mein Herz ist in dem Sarge hier beim Cäsar,
Und ich muß schweigen, bis es mir zurückkommt.

Wenn Sie sich Ihrer
stimmlichen Ausdrucksfähigkeit
genügend sicher geworden sind,
tragen Sie die Rede Ihren
Freunden vor.
Sie können dabei ruhig
vom Blatt ablesen,
wenn Sie darauf achten,
daß Sie erst lesen,
dann vom Blatt aufschauen
und vortragen.
Versuchen Sie jetzt,
nicht nur auf Ihre Stimme
zu achten, sondern auch
in Ihr Mienenspiel und Ihre Haltung
einen bestimmten Ausdruck
hineinzulegen.
Benutzen Sie zur Beurteilung
unsere Feedback-Skala.
Insgesamt können Sie für
Ihren Vortrag 80 Punkte
erhalten. Schätzen Sie
jetzt die Punktzahl,
die Sie für Ihren Vortrag
erhalten werden.
Sie haben es sicher
inzwischen gelernt,
sich selbst realistisch
einschätzen zu können.

Feedback-Skala für Vorträge

	(−)	1	2	3	4	5	6	7	8	9	10	(+)
Stimme:	undeutlich											deutlich
Modulation:	monoton											variabel
Tempo:	zu schnell/ zu langsam											angemessen
Pausen:	zu viel/ zu wenig											genau richtig
Mienenspiel:	teilnahmslos											eindrucksvoll
Augenkontakt zum Zuhörer:	sehr wenig											sehr viel
Gesten, Haltung:	steif, gehemmt											frei, ungezwungen
Persönlicher Ausdruck:	farblos											lebhaft

Punkte

Gesamtpunktzahl:

geschätzt:
erhalten:

10. Macht und Liebe

Vom Umgang mit Gefühlen

Ein Kind »kocht« vor Empörung, wenn es zu etwas gezwungen wird, was es nicht einsehen kann. Es stampft zornig mit den Füßen, wenn es von der Mutter ins Bett geschickt wird, obwohl es noch gerne spielen möchte. Es weint hemmungslos, wenn das Lieblingsspielzeug zerbrochen ist und der Vater erklärt, daß man es nicht mehr reparieren kann. Wenn seine Bedürfnisse nicht befriedigt werden — nach Liebe, nach Nahrung, nach Spielzeug — kann es seinen Gefühlen noch ungehemmt Ausdruck geben.

Diese Fähigkeit haben wir als Erwachsene weitgehend verlernt. Schon früh hat man uns beigebracht: »Ein Junge weint doch nicht!« oder: »Man muß sich beherrschen können!« Die ständige Forderung, »sich zu beherrschen«, führt dazu, daß wir nicht nur unsere eigenen Emotionen unterdrücken, sondern sie oft gar nicht mehr erkennen oder einfach nicht akzeptieren. Die meisten Menschen »helfen« uns noch dabei, unsere Gefühle zu verneinen oder zu ignorieren, indem sie uns diese »ausreden«: »Kopf hoch!« »Laß Dich nicht unterkriegen!« — »Beruhige Dich!« — »Warum bist Du so böse?« — »Sei doch vernünftig!« — »Sei nicht so senti- mental!« — »Bleibt doch sachlich!«

Wir können zwar unsere Gefühle verneinen oder unterdrücken, aber »abschalten« können wir sie nicht. Sie machen sich dann meist in verschleierter Form Luft. Unterdrückte Aggressionen können sich z. B. durch ironische Bemerkungen äußern. Zuneigung verwandelt sich in Neckerei, um ja nicht »sentimental« zu erscheinen. Gefühle, die sozial unerwünscht und damit »geächtet« sind, werden oft völlig verdrängt und äußern sich dann in unbewußten körperlichen Reaktionen. Unterdrückter Ärger führt dann unter Umständen zu chronischen Magenbeschwerden. Furcht und Unbehagen, z. B. bei schwierigen Aufgaben und Situationen, äußern sich in Kopfschmerzen oder plötzlicher Müdigkeit. Solche Reaktionen sind aber nur Ersatzhandlungen. Die Gefühle werden nicht ausgelebt, sondern nur verschoben und beschäftigen das Unter-

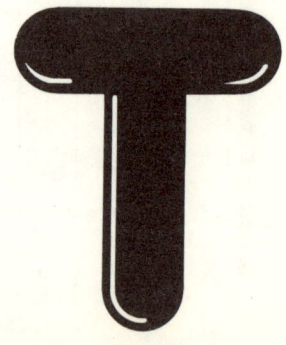

bewußtsein oft in negativer Weise weiter. Auch die Wissenschaft hat dies erkannt. Die Psychosomatik — die Lehre von den psychischen Ursachen körperlicher Krankheiten — ist heute ein wichtiger Zweig der Medizin.

Wir können also nur wirksam mit unseren Gefühlen umgehen, wenn wir auch negative Gefühle nicht einfach verneinen (»Nicht, daß ich neidisch wäre, aber . . .!«), sondern bei uns und anderen akzeptieren. Ich schaffe Gefühle nicht dadurch aus der Welt, daß ich sie einfach ignoriere oder »wegdiskutiere«, da »nicht sein kann, was nicht sein darf«!

Zwei grundlegende Emotionen, die in unserem Zusammenleben mit anderen wirksam werden, sind die Bedürfnisse nach Liebe und Anerkennung auf der einen sowie der Wunsch nach Macht und Einfluß auf der anderen Seite. Beide Gefühle sind in uns gleich stark wirksam, aber eigentlich gegensätzlicher Natur. Der Versuch, beide Gefühle gleichzeitig zu befriedigen, stürzt uns also in Konflikte: Der Beliebte ist in Gruppen meist nicht der Mächtige, und der Mächtige ist nicht beliebt.

Meist wird versucht, diesen Konflikt dadurch zu lösen, daß die eine oder sogar beide Gefühlsrichtungen unterdrückt werden. Nach der Art dieser Unterdrückung können wir in der Gruppe die folgenden drei Typen unterscheiden:

Der machtorientierte Typ

Sein oberstes Ziel ist die Überlegenheit in der Gruppe. Auch die anderen Gruppenmitglieder beurteilt er hauptsächlich aufgrund ihres Einflusses und ihrer Macht in der Gruppe: Wer hat Recht? Wer wird sich durchsetzen? Wer hat die meisten Anhänger? Wer versucht, die anderen durch Dominanz, Einschüchterung, Befehle und Kontrollen zu beeinflussen.

Der zuwendungsorientierte Typ

Sein oberstes Ziel ist es, von der Gruppe akzeptiert zu werden. Andere Menschen stuft er nach dem Grad ihrer menschlichen Wärme ein: Wer ist am nettesten zu mir? Zu wem kann ich selbst freundlich sein? Wen kann ich zum Freund gewinnen? Seine Methoden der Einflußnahme sind Lob, Freundschaft, kleine Geschenke und allgemeine »Nettigkeit«.

Der rationalorientierte Typ

Diesem Typ sind weitgehend alle Arten von Emotionen unangenehm. Sein oberstes Ziel heißt Korrektheit. Andere Menschen beurteilt er vorwiegend nach ihren intellektuellen Fähigkeiten. Entsprechend versucht er, sich mit logischen Argumenten, sachlicher Kritik und scharfem Verstand durchzusetzen.

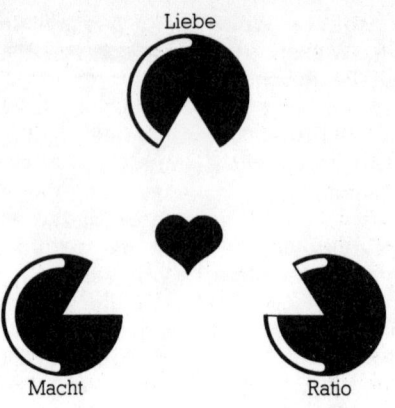

Liebe

Macht   Ratio

Mein Gefühlsdreieck

Am idealsten wäre es, wenn die Bedürfnisse nach Liebe und Macht eine Koexistenz führen, das heißt beide nebeneinander akzeptiert werden. Wir sprechen von emotionaler Kompetenz eines Menschen, wenn dieser nicht einen oder beide Bereiche seines Gefühlslebens unterdrückt, sondern beide Gefühlsbereiche in ausgeglichener Form als gegeben akzeptiert und befriedigt. Dies kann natürlich nicht immer gleichzeitig geschehen. Wenn wir uns selbst beobachten, werden wir erkennen, daß wir dazu neigen, in manchen Gruppen mehr unsere Bedürfnisse nach Liebe, in anderen dagegen mehr die nach Macht zu befriedigen. Manchmal versuchen wir sogar, beide Pole zu unterdrücken.

Überlegen Sie jetzt einmal, wie Sie gefühlsmäßig meistens

●
in Ihrer Familie,
●
in Ihrer Arbeitsgruppe,
●
im Kreis von Freunden,
●
bei einer Diskussion

reagieren, und zeichnen Sie an die entsprechende Stelle unseres Gefühlsdreiecks einen Kreis! Zeichnen Sie den Kreis in die Mitte des Dreiecks, wenn Sie der

Meinung sind, in einer Gruppe eine ausgeglichene Balance zwischen Ihren Gefühlen hergestellt zu haben.

Nicht nur Gruppenmitglieder, auch eine ganze Gruppe können wir danach beurteilen, in welchem Maß sie sich um Gefühle kümmert, d. h. Gefühle der einzelnen Gruppenmitglieder akzeptiert und darüber spricht. Die Art, wie diese Gefühle behandelt werden, können erfahrene Gruppenleiter sogar als eine Art Barometer benutzen, um den Grad der Integration einer Gruppe festzustellen. Ein Gruppenforscher hat einmal eine neu zusammengekommene Gruppe mit einer Ansammlung von Leuten verglichen, die einander fremd sind und in einen völlig verdunkelten Raum eintreten. Sie tappen herum, einige machen vorsichtige Schritte, andere kriechen auf dem Boden, dem einzig sicheren Halt. Ängstlich sind alle bemüht, um keinen Preis »aneinanderzustoßen« (!) und strecken die Hände abwehrend und verteidigungsbereit von sich. Dieses Bild beschreibt sehr gut die Art, in der erfahrungsgemäß fremde Menschen zunächst versuchen, miteinander Kontakt aufzunehmen. Der Gefühlssektor wird möglichst ausgeschaltet, und damit wird anfangs eine offene und freie Kommunikation unter den Gruppenmitgliedern unmöglich gemacht.

Zur Beschreibung der Gruppenentwicklung kann man nun gut die beiden in der Abbildung erwähnten Pole »Macht« und »Liebe« verwenden. Zwei Ungewißheitszonen sind es im wesentlichen, die von der Gruppe im Verlauf ihrer Entwicklung überwunden werden müssen: Die erste ist die Zone der Haltung der Gruppenmitglieder gegenüber dem Gebrauch und der Verteilung von Macht in der Gruppe (Autorität). Die zweite ist die Zone der gegenseitigen Haltungen der Mitglieder zueinander (Intimität). Die Hauptprobleme, die die Gruppe zunächst lösen muß, liegen in den Haltungen zu Autorität und Intimität der einzelnen Gruppenmitglieder. Opposition, Abhängigkeit, Rückzug oder Konkurrenz sind zunächst typische Reaktionen der Gruppenmitglieder auf Führungsansprüche und verhindern eine echte gegenseitige Hilfe.

Die Fragen der Autorität und Intimität werden zunächst von den einzelnen Gruppenmitgliedern ganz unterschiedlich gelöst. Das charakteristische Verhalten eines Mitglieds in bezug auf einen Führer oder die Organisationsstruktur einer Gruppe bezeichnet man als Dependenzverhalten. Mitglieder, die Verfahrensfragen (Tagesordnung) oder den Gruppenleiter sofort in allen Fragen akzeptieren, bezeichnet man als abhängig (dependent). Mitglieder, die sich zu Autoritäten oder Autoritätsstrukturen grundsätzlich ablehnend verhalten, bezeichnet man als gegenabhängig (kontradependent).

Der personale Aspekt bezieht sich hingegen auf die charakteristischen Verhaltensweisen der Gruppenmitglieder in bezug auf die gegenseitige Intimität. Mitglieder, die nicht ruhen, ehe sie nicht einen relativ hohen Grad an Vertrautheit zu allen anderen Gruppenmitgliedern erreicht haben, bezeichnet man als überpersonal. Gruppenmitglieder, die ängstlich versuchen, jede Intimität mit anderen zu verhindern, bezeichnet man als kontrapersonal.

Das unterschiedliche Ausmaß solcher Verhaltensweisen kennzeichnet nun die unterschiedlichen Phasen der Gruppenentwicklung. In neuen Gruppen ist das Hauptthema die Verteilung der »Macht«. Einige Mitglieder versuchen zu dominieren, indem sie ihre eigenen Ziele ohne Rücksicht auf die anderen verfolgen (Kampfverhalten). Andere lösen das Problem der Dependenz/Kontradependenz dadurch, indem sie schweigen, resignieren oder sich zurückziehen (Fluchtverhalten). Konflikte werden zunächst ängstlich vermieden oder dem Gruppenleiter zur Lösung hingeschoben. In der Phase der Kontradependenz löst sich die Gruppe allmählich von ihrer Abhängigkeit vom Leiter, Opposition wird geäußert, Paare oder Cliquen schließen sich zusammen. Allmählich beschäftigt aber das Problem der gegenseitigen Zu- und Abneigung die Gruppenmitglieder. Langsam wird das gegenseitige Mißtrauen abgebaut. Der Unterschied zur Anfangsphase wird besonders dadurch deutlich, daß die Gruppenmitglieder jetzt viel eher bereit sind, aufeinander zu hören, unterschiedliche Zielvorstellungen zu akzeptieren und sich bei Problemen gegenseitig zu helfen. Die Phase, die eine Gruppe erreichen soll, um wirksam miteinander leben und arbeiten zu können, bezeichnen wir als die Phase der Interdependenz. Interdependenz bedeutet, daß die Gruppenmitglieder die Haltung einer völlig egoistischen Selbständigkeit ebenso wie die völlige Abhängigkeit von einem Gruppenleiter oder von den anderen Gruppenmitgliedern aufgegeben haben. Jeder hat seine Rolle und seine Arbeit gefunden, bei der es ihm möglich ist, entsprechend seinen Wünschen und Fähigkeiten zu den Zielen der Gruppe beizutragen. Interdependenz ist also keine völlige »Unabhängigkeit«. Es bedeutet, daß die Gruppenmitglieder gelernt haben, Abhängigkeit zu akzeptieren, wenn es wirklich notwendig ist — weil die Gruppenmitglieder erkannt haben, daß sie aufeinander angewiesen sind.

An der Art, wie eine Gruppe Konflikte bewältigt, läßt sich der Grad ihrer Integration erkennen. Mit unserem Interdependenz-Barometer können Sie messen, wie durch die Art der Konfliktlösung in einer Gruppe ihr Weg zur Interdependenz gekennzeichnet ist:

Dependenz/Kontradependenz, Ignoranz
Probleme und Konflikte in der Gruppe werden übergangen, ängstlich totgeschwiegen oder nicht erkannt.

Unterdrückung
Bei Meinungsverschiedenheiten gilt das »Recht der Mehrheit«. Entscheidungsprobleme werden per Abstimmung gelöst, Minderheiten werden unterdrückt.

Zustimmung
Die Gemeinsamkeit der Gruppe wird betont und ein Führer gesucht, dem man bedingungslos folgt. Man will Einigkeit um jeden Preis.

Kompromiß
Bei abweichenden Wünschen werden Zugeständnisse gemacht, um die Gruppe zu erhalten. Dieses Aushandeln wird aber insgeheim nicht als befriedigende Lösung empfunden.

Allianz
Gegensätzliche Standpunkte bleiben unverändert, man geht eine begrenzte Zeit ein Bündnis ein, um ein gemeinsam akzeptiertes Ziel zu erreichen.

Integration
Konflikte und Meinungsverschiedenheiten, unterschiedliche Zielvorstellungen werden offen ausgesprochen und diskutiert. Die Interessen der Gruppenmitglieder werden gemeinsam gegeneinander abgewogen, neu formuliert und eine Lösung erarbeitet, die alle befriedigt.

Interdependenz

Geben und Nehmen

Die Verteilung von Macht und Liebe ist ein wichtiges Problem in einer Gruppe, und entsprechend beschäftigen sich die Gruppenmitglieder — bewußt oder unbewußt — mit dieser Frage. Allmählich entsteht ein Beziehungsgeflecht von Zu- und Abneigungen, von Beeinflussung, Unterstützung oder Opposition. Dieses Beziehungsgeflecht bleibt nach einiger Zeit relativ stabil. Wir können dann etwa beobachten, daß zwei Gruppenmitglieder offenbar eine feste Sympathie-Allianz gegründet haben, während zwei andere sich ständig zu »bekriegen« scheinen.

Die Struktur dieses Beziehungsgeflechts bleibt der Gruppe meist unbewußt. Wir sind es eben gewohnt, mehr darauf zu achten, **was** wir zueinander sagen, als darauf, **warum** wir es sagen (welche Emotionen dahinterstecken).

Da aber das **Was** wesentlich vom **Warum** beeinflußt wird, ist es sehr wichtig für eine Gruppe, das Beziehungsgeflecht, welches ihren Gesprächen und ihrem Arbeitsprozeß zugrundeliegt, bewußt zu erkennen. Unser nächstes Spiel ist geeignet, solche Beziehungen der Gruppe deutlich zu machen. Vor dem Spielen wollen wir noch einen Hinweis geben: Nehmen Sie dieses Spiel ernst! Wir haben schon gesagt,

daß wir dazu neigen, starke Emotionen zu verdrängen oder abzuleugnen. Und gerade weil die Bedürfnisse nach Macht und Liebe grundlegende menschliche Emotionen sind, werden die Spieler vielleicht den Versuch machen, zu demonstrieren, wie bedeutungslos dieses Spiel doch eigentlich sei. Lassen Sie sich nicht beirren — ironische Bemerkungen oder der Versuch, dem Spiel eine scherzhafte Wendung zu geben, können Sie ruhig als den Versuch deuten, vor der Erkenntnis der eigenen Emotionen zu flüchten.

Lassen Sie sich also nicht davon abbringen, auf die konsequente Einhaltung der Spielregeln zu achten!

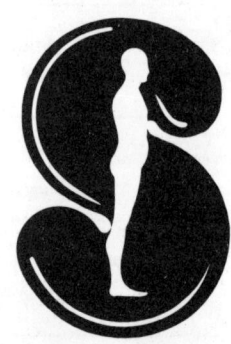

Spielregeln:

Der Spielleiter erklärt, daß im Anschluß an das Spiel darüber diskutiert werden soll, welche

Gefühle die Spieler beim Geben, Nehmen oder Zurückweisen haben.

Jeder Spieler legt nun drei Münzen – ein Pfennigstück, einen Groschen und ein Markstück – vor sich auf den Boden. Der Spielleiter erklärt das Dreieck **Liebe, Macht** und **Rationalität.** Die Spieler werden aufgefordert zu entscheiden, welche Ecke des Dreieckes sie in dieser Gruppe am meisten und welche Ecke sie am wenigsten in ihrem konkreten Verhalten vertreten.

Jeder Spieler ordnet nun symbolisch den Ecken seines Dreiecks je eine Münze entsprechend ihrem Wert zu. Die am häufigsten vertretene Verhaltensweise wird also durch das Markstück symbolisiert usw. . . .

Der Spielleiter fordert die Spieler auf, nacheinander der Gruppe die Gründe für die Verteilung ihrer Münzen mitzuteilen. Die Spieler und der Spielleiter setzen sich dazu in einen Kreis. Das Gruppenmitglied zur Linken des Spielleiters beginnt, und so wird im Uhrzeigersinn fortgefahren. Während dieser Runde sollen die einzelnen Gruppenmitglieder von den übrigen nur bei Verständnisfragen unterbrochen werden.

In der nächsten Spielrunde sollen die Gruppenmitglieder **schweigend** eine emotionale Bindung eingehen. Sie sollen dazu eine oder mehrere ihrer Münzen – als symbolische Teile ihrer Selbst – einem anderen Gruppenmitglied übergeben. Dabei ist es jedem freigestellt, wieviel Münzen oder an wen er sie übergibt. Er kann also auch keine Münzen verteilen, oder alle Münzen demselben Gruppenmitglied übergeben.

Jedes Gruppenmitglied legt die Münzen, die es bekommt, vor sich auf den Boden.

In der nächsten Runde erklärt nun jedes Gruppenmitglied nacheinander, wie und warum es seine Münzen verteilt hat. Um die Bedeutung der emotionalen Bindung zu demonstrieren, soll der Spielleiter den Spieler auffordern, sich vor die Gruppenmitglieder zu setzen, an die es Münzen verteilt hat. Bei der Erklärung soll der Spieler das betreffende Gruppenmitglied direkt ansprechen (»Ich gab Dir . . ., weil . . .«) und dabei versuchen, Augenkontakt zu halten.

Anschließend teilt das Gruppenmitglied, welches die meisten Münzen erhalten hat, seine Gefühle beim Empfangen der Münzen mit. Dann folgt das Gruppenmitglied, welches die zweitgrößte Anzahl der Münzen erhalten hat, usw. Zum Schluß teilen die Spieler ihre Gefühle mit, die überhaupt keine Münzen bekommen haben.

Danach sollen alle Gruppenmitglieder noch einmal eine Minute schweigend über das Gesagte nachdenken. Dann eröffnet der Spielleiter die allgemeine Diskussion. Diese Diskussion ist ein wichtiger Teil des Spiels und muß unbedingt durchgeführt werden!

Gruppennormen

Unbewußte
Vorstellungen darüber,
was wir
sollen und dürfen,
bestimmen
weitgehend unser
Verhalten.

Man hat festgestellt, daß verschiedene Beurteiler — beispielsweise Personalreferenten — oft einen ganz unterschiedlichen Eindruck von demselben Kandidaten haben. Der Grund liegt natürlich einmal darin, daß der Beurteilende sich nicht völlig frei von Sympathien oder Antipathien machen kann. Überraschend aber ist, daß die beurteilten Personen sich den verschiedenen Interviewern gegenüber tatsächlich unterschiedlich verhalten. Deshalb ist es auch unsinnig, aus einem bestimmten Verhalten etwa auf die Charaktereigenschaften eines Menschen schließen zu wollen. Dem Professor in einer Prüfung würde es z. B. schwerfallen, sich seinen höflichen und aufmerksamen Examenskandidaten als Teilnehmer an einer militanten Demonstration vorzustellen. Das Verhalten eines Menschen hängt eben nicht nur von eigenen Motiven oder vom Verhalten der Umwelt ab, sondern auch von den eigenen **Vorstellungen** darüber, wie man sich in einer bestimmten Situation verhalten **soll** oder **darf**.

Etwas Ähnliches gilt auch für die Gruppe als Kollektiv. Wir haben gelernt, daß jeder unbewußte Bedürfnisse hat, die er — zumindest unbewußt — zu verbergen sucht. Jeder hat also ein unbewußtes Interesse daran, gewisse Dinge von sich fern zu halten und sich ihrer nicht bewußt zu werden. Und auch in einer Gruppe gibt es gewisse Dinge, bei denen ein stillschweigendes Übereinkommen zu bestehen scheint, daß sie nicht angesprochen werden. Im Verlaufe ihres Zusammenseins entwickeln Gruppen bestimmte Regeln darüber, was in dieser Gruppe erlaubt sein soll und was nicht.

Auch diese Regeln werden zumeist unbewußt gehandhabt. In einer Arbeitsgruppe im Betrieb herrscht z. B. das stillschweigende Einverständnis, nur rational zu argumentieren und nicht über persönliche Beziehungen zu sprechen. In einer Stammtischrunde hat man vielleicht im Laufe der Zeit gelernt, nicht über ein bestimmtes politisches Thema zu sprechen, weil sich dabei immer alle in die Haare gerieten. Und in einer Familie ist es vielleicht ein Tabu, über die Freundschaft der Tochter zu einem farbigen Studenten zu sprechen.

Solche oder ähnliche Regeln werden von den meisten Mitgliedern einer Gruppe befolgt, ohne daß die Betreffenden jeweils klar darüber nachgedacht haben. Sind diese Regeln relativ stabil und dauerhaft, sprechen wir von Gruppennormen. Stillschweigende Gruppennormen können natürlich auch in Äußerlichkeiten bestehen. Noch vor nicht allzu langer Zeit war es z. B. in vornehmen, hanseatischen Kontoren üblich, daß die Angestellten auch im Hochsommer Jacket oder Krawatte nicht ablegen durften. Hätte jemand gegen diese stillschweigende Übereinkunft verstoßen, wäre der Vorfall so sensationell wie das Auftauchen eines weißen Raben gewesen. Die Gruppe hat dann meist wirksame Verhaltensweisen bereit, um einen solchen Außenseiter zu ächten oder ihn schnell wieder an seine »Pflichten« zu erinnern. Solche »Sanktionen« werden auch unbewußt angewendet, wenn ein Gruppenmitglied — vielleicht ebenso unbewußt — gegen die in der Gruppe geltenden Gesprächsnormen verstößt. Man »überhört« den Sprecher einfach oder ist schnell bemüht, ein anderes Thema zu finden ...

Normen haben also auf das Kommunikationsverhalten einer Gruppe einen erheblichen Einfluß. Wer zu wem was, wann und auf welche Weise sagt — das ist nicht nur vom Inhalt des augenblicklichen Gesprächs abhängig, sondern wird wesentlich durch die in der Gruppe etablierten, unbewußten Normen mitgeprägt: »Hier darf ich über meine persönlichen Wünsche und Gefühle nicht sprechen! ... Hier ist es verboten, lustig zu sein! ... Hier darf dem Vorgesetzten nicht widersprochen werden!« — Solche und ähnliche Vorstellungen über das, was ich in einer bestimmten Situation tun oder nicht tun darf, verhindern es oft, daß Probleme offen angesprochen und gelöst werden können.

Auf welche Weise kommunizieren die Mitglieder Ihrer Gruppe miteinander? Welche Normen hindern, welche fördern ein offenes Gespräch und die Interdependenz der Gruppe? Testen Sie Ihre Gruppe einmal mit dem folgenden Prüfstand für Gruppennormen:

Prüfstand für Gruppennormen:

Beziehungsnormen
Wer spricht mit wem?

Wer sitzt bei wem?

Wer wird um Rat gefragt?

Wer macht die Vorschläge?

Wer gibt die Anordnungen?

Wer wird übergangen?

Wer wird gemieden?

Wer wird geschützt?

Wer spricht am meisten?

Wer spricht am wenigsten?

Kommunikationsnormen
Werden Aggressionen geäußert?

Welche Dinge werden übergangen (Tabus)?

Wie sachbezogen müssen Gesprächsbeiträge sein?

Bedürfnisnormen
Werden Wünsche offen geäußert?

Werden Bedürfnisse nach Einfluß ausgesprochen?

Werden Bedürfnisse nach Zuneigung ausgesprochen?

Gefühlsnormen
Kann Freude ausgesprochen werden?

Wird gelacht?

Darf Langeweile und Frustration ausgedrückt werden?

Wird Zuneigung ausgesprochen?

Wird Abneigung ausgesprochen?

Sanktionsnormen
Welche Verhaltensweisen (verbal und nonverbal)

gibt es bei Verletzung der Gruppennormen?

Lös die Fesseln!

Unbewußte Gruppennormen prägen das Verhalten einer Gruppe stark. Wenn eine Gruppe stillschweigend übereingekommen ist, wichtige Probleme, Bedürfnisse oder Gefühle nicht anzusprechen, wird die Gruppe niemals zu einer echten Integration kommen. Die Fesseln eingeengter Kommunikation können Sie mit diesem Gruppenspiel lösen!

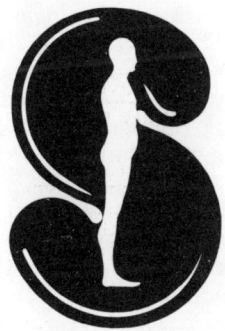

Legen Sie der Gruppe den »Prüfstand für Gruppennormen« vor und erklären Sie ihn. Lassen Sie darüber diskutieren, welche Normen augenscheinlich in der Gruppe vorhanden sind, und welche die Gruppenmitglieder als positiv oder negativ erleben.

Lassen Sie die Gruppenmitglieder darüber nachdenken, welche Normen sie selbst in der Gruppe bisher realisiert haben.
Dann soll jedes Gruppenmitglied auf einem Zettel einen Wunsch aufschreiben, den es in dieser Gruppe hatte, aber aus Gründen der Gruppennorm bisher nicht zu realisieren wagte.
(»Ich möchte den langweiligen Heinz gern einmal anschreien, aber die Gruppennorm, Heinz mit Samthandschuhen anzufassen, hat dies bisher verhindert!«)

Jetzt fordern Sie die Gruppenmitglieder nacheinander auf, ihren Wunsch zu nennen und auch die Gruppennorm, die die Realisierung des Wunsches bisher verhindert hat.
Dann soll das Gruppenmitglied versuchen, diesen Wunsch »hier und jetzt« in die Tat umzusetzen. Wenn andere Gruppenmitglieder dabei betroffen sind, müssen diese allerdings erst vorher um Zustimmung gebeten werden.

Falsch programmiert?

Sind
Sie sicher,
daß Sie
in Ihrem Umgang
mit anderen
immer richtig
programmiert sind?

Vorstellungen darüber, wie ich mich in einer bestimmten Situation verhalten darf und soll, beeinflussen mein eigenes Verhalten und das der anderen Gruppenmitglieder. Diese Vorstellungen sind das Ergebnis früherer Erfahrungen in ähnlichen Situationen. Sie sind also auch dann schon vorhanden, wenn ich mit einer mir fremden Gruppe in Berührung komme. Aufgrund früherer Erlebnisse weiß ich, daß in einem Sportverein meist ein anderer Ton herrscht als in einem Schachklub und stelle mich entsprechend darauf ein. Eine neue Gruppe ist also von Anfang an kein »unbeschriebenes Blatt«. Die Gruppenmitglieder sind mehr oder weniger »vorprogrammiert«, und diese Programmierung beeinflußt die entstehenden Gruppennormen wesentlich.

Oft macht man aber auch die Erfahrung, daß man »falsch programmiert« war — oft genug genügt ein befreiendes Wort, und das Verhalten einer ganzen Gruppe wird mit einem Schlag offener und vertrauter. Falsche gegenseitige Vorstellungen über das erlaubte Verhalten haben zu falschen Normen geführt und die Gruppe behindert.

Gleiches gilt auch für unsere Zweierbeziehungen. Sind Sie sicher, daß Sie in Ihrem Umgang mit anderen immer richtig programmiert sind? Wir haben für Sie eine Liste von 12 Verhaltensbereichen und eine Liste von zehn möglichen Bezugspersonen zusammengestellt. Gehen Sie die Liste der Bezugspersonen nacheinander durch (Sie können natürlich auch andere Bezugspersonen oder Bezugsgruppen hinzufügen). Prüfen Sie, ob Ihr Verhältnis zu diesen Personen in den genannten zwölf Bereichen so ist, wie Sie es sich wünschen. Ermitteln Sie die Differenz zwischen gewünschtem und tatsächlichem Verhalten, und bewerten Sie diese Differenz mit einer Note (z. B.

»1« für »sehr gut« und »5« für »ungenügend«).
Addieren Sie dann die einzelnen Noten. Erhalten Sie ein schlechtes Ergebnis, dann müssen Sie sich überlegen, welche Normen es bisher verhindert haben, daß Sie zu dem betreffenden Menschen keine befriedigende Beziehung haben. Sie müssen sich natürlich auch überlegen, ob Ihre Ansprüche und Erwartungen in den einzelnen Verhaltensbereichen realistisch sind.

Bezugspersonen
Sohn
Freundin
Vater
Chef
Freund
Kunde
Ehepartner
Postbote
Mitarbeiter
Nachbar

Verhaltensbereiche

	Offenheit
	Persönlicher Kontakt
	Gefühl
	Liebe
	Vertrauen
	Humor
	Aggressionen
	Diskussion
	Widerspruch
	Kritik
	Bewunderung
	Hilfsbereitschaft

Beispiel:

Sie möchten Ihrem Chef
gegenüber bei berechtigten
Anlässen offen Aggressionen
äußeren können.
Ihr tatsächliches Verhalten
ihm gegenüber ist jedoch
in den meisten Situationen
ausgesprochen freundlich.
Sie empfinden diese Differenz
zwischen gewünschtem
und tatsächlichem Verhalten
als wenig befriedigend
und geben die Note »4«.
Sie haben dagegen
aber das Gefühl,
bei ihm immer so humorvoll
sein zu dürfen, wie Sie wollen.
Gewünschtes und tatsächliches
Verhalten decken sich,
Sie geben die Note »1«.

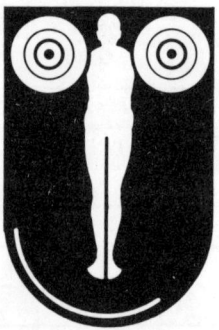

Neu zusammengetretene Gruppen sind in der Anfangsphase meist ängstlich besorgt, möglichst höflich und nett gegeneinander zu sein oder im Zweifelsfalle lieber zu schweigen. Die Gruppenmitglieder sind zunächst damit beschäftigt, Gefühle zu unterdrücken und mögliche Aggressionen zu verbergen. Die unbewußte Norm lautet: »Tust Du mir nichts, dann tu ich Dir auch nichts!« Diese Art von gegenseitiger Erwartungshaltung führt dann auch dazu, daß die meisten Gruppen verhältnismäßig lange Zeit zur Integration benötigen. Sie können diesen Prozeß beschleunigen, wenn Sie dafür sorgen, daß gleich zu Anfang die unbewußten Normen der einzelnen Gruppenmitglieder (Was will ich hier? Was möchte ich gerne tun? Was darf ich hier tun?) offengelegt werden. Sie können so unnötiges Mißtrauen von vornherein vermeiden. Die gegenseitigen Ziele werden offener, und damit wächst das Verständnis für Verhaltensweisen, deren Gründe sonst unklar bleiben. Neu zusammengestellte Schulklassen, Arbeitsteams, Volkshochschul-Kurse, Initiativgruppen und Wohngemeinschaften eignen sich für eine solche Verfahrensweise.

Erwartungsanalyse

Lassen Sie zunächst
jedes Gruppenmitglied für sich
allein auf einem Zettel
die folgenden Fragen
beantworten:
1.
Was will ich hier
(welche Erwartungen habe ich
hinsichtlich dieser Gruppe)?
2.
Was darf ich hier
(Habe ich das Gefühl,
meine Erwartungen in dieser
Gruppe erfüllen zu können)?
Bilden Sie durch Abzählen
Dreier- oder Vierer-Gruppen.
Diese Kleingruppen
bekommen nun die Aufgabe,
die einzeln geäußerten Erwartungen
auf einem großen Zettel
zusammenzutragen (so daß also
keine Doppelnennungen
vorkommen). Eventuell
kann noch eine Rangliste
der Wichtigkeit
der einzelnen Erwartungen
erstellt werden.

Nach der Anfertigung
der Erwartungslisten in den
Kleingruppen (Dauer
ca. 30 bis 40 Minuten)
werden die Listen öffentlich
ausgehängt und gemeinsam
besprochen.

Anschließend sollen
alle Teilnehmer sich darüber
äußern, ob ihnen die Erwartungs-
analyse geholfen hat,
schneller Kontakt in der Gruppe
zu finden.

Literatur:
L. Bradford, J. Gibb, K. Benne (1972), S. 270 ff.
J. Luft (1971), S. 48 ff.
Th. Mills (1971), S. 85 ff.

11. Absichten und Auswirkungen

Die Unterschiedlichkeit
der Blickwinkel
ist eins
der wichtigsten
Probleme
in zwischenmenschlichen
Beziehungen!

»An einem Sommerabend saßen zwei ältliche Schwestern in ihren Schaukelstühlen auf der Veranda vor ihrem kleinen Haus am Rande eines Dorfes. Während sie gemütlich schaukelten, lauschte die eine Schwester dem Chor, der in der kleinen Kirche übte. Der Chor sang eins ihrer Lieblingslieder. Sie blickte die Straße entlang, wo sie das Licht durch die bunten Glasfenster der kleinen Kirche schimmern sah und sagte zu ihrer Schwester: Ist das nicht die schönste Musik, die es gibt?

Ihre Schwester, die rechts von ihr saß, blickte zufällig auf die Felder an ihrer Seite des Hauses und horchte auf die Grillen, die in der Dämmerung zirpten. Selig lächelnd schaukelte sie hin und her und sagte: Ja, das ist eine herrliche Musik, und dabei sollen sie das machen, indem sie ihre Hinterbeine aneinanderreiben.«

Diese kleine Geschichte von R. Moore demonstriert uns, welche Mißverständnisse entstehen können, wenn die Blickwinkel zweier Menschen nicht übereinstimmen. Legen Sie die Abbildung auf dieser Seite einmal verschiedenen Bekannten vor und lassen Sie angeben, was auf dem Bild dargestellt ist. Das gleiche Bild: zwei Gesichter, während andere eine Vase zu sehen glauben.

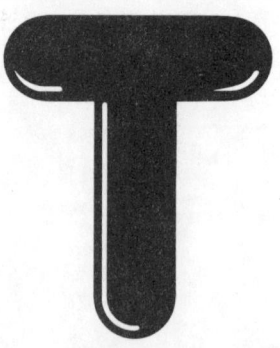

Ähnlich wie dieses Bild werden auch oft unsere Absichten und Handlungen mißverstanden oder von verschiedenen Leuten unterschiedlich aufgefaßt. Eins der wichtigsten Probleme in zwischenmenschlichen Beziehungen ist der Zusammenhang zwischen meinen Absichten und den Auswirkungen meiner Handlungen auf andere.

Wir wissen, daß die gleichen Handlungen bei verschiedenen Personen unterschiedliche Auswirkungen haben können. Bei jedem Menschen haben sich relativ stabile Verhaltensmuster herausgebildet, mit denen er auf gleiche oder ähnliche Situationen reagiert. Der eine reagiert auf Aggressionen, indem er ebenfalls böse wird, ein anderer zieht sich stumm zurück, ein dritter löst vielleicht das Problem dadurch, daß er anfängt zu weinen und damit signalisiert: »Ich bin so hilflos! Du darfst mir nichts tun.« Daß andere Menschen auf unsere Handlungen verschieden reagieren, hat seinen Grund aber nicht nur in solchen individuell unterschiedlichen Verhaltensmustern. Oft werden nämlich unsere Hand-

lungen ganz einfach mißverstanden. Wir werden gleich sehen, daß dies nicht nur an unserer unklaren Ausdrucksweise liegt.

Hinter jeder Handlung liegt eine bestimmte Absicht. Ich will mit dieser Handlung etwas erreichen. Aber nur die Handlung ist »öffentliche Natur, nur sie kann von allen beobachtet werden. Die dahinterliegenden Absichten sind »privater« Natur und zunächst nur demjenigen bekannt, der sie hat. Meine private Absicht ist es beispielsweise, einem anderen zu zeigen, daß ich ihn gern habe. Meine öffentliche Handlung kann jetzt darin bestehen, daß ich

a. ihm ein Geschenk kaufe,
b. ihn zum Essen einlade,
c. ihm meinen Arm um die Schultern lege.

Ich habe also verschiedene Möglichkeiten zur Verfügung, meine Absicht in einer bestimmten Handlung zu »verschlüsseln«.

Angenommen, ich drücke meine Zuneigung dadurch aus, daß ich ein Geschenk kaufe. Der Betroffene kann einmal die dahinterliegende Absicht erkennen. Er könnte aber auch denken:

a. »Er will mich beeindrucken!«,
b. »Er will mich verpflichten!«,
c. »Er will sich dafür bedanken, daß ich ihm gestern geholfen habe!«

Das sind verschiedene Möglichkeiten, eine Handlung zu »entschlüsseln«. Aus Agentenromanen wissen wir, daß der Besitz des richtigen Schlüssels ein wichtiges Problem sein kann. Benutzen Sender und Empfänger nicht den gleichen Code, dann ist das richtige Empfangen einer Nachricht unmöglich geworden.

Die Art unserer persönlichen Schlüssel ist vorwiegend in unserer Kindheit geprägt worden. Wenn es in unserer Familie nicht üblich war, Zärtlichkeit oder Herzlichkeit spontan und offen auszudrücken, könnten wir es mißverstehen, wenn man den Arm um uns legt. Die Geste sollte vielleicht nur bedeuten: »Ich schätze Dich. Du bist ein guter Kamerad«, während wir entschlüsseln: »Ich habe Dich sehr gern. Du bist wundervoll.« Je fremder die Kulturen sind, aus denen die Beteiligten stammen, desto deutlicher werden die Unterschiede der benutzten Schlüssel. Während bei uns das »Händchenhalten« (meist) nur unsere Zuneigung ausdrückt, sind wir mit dieser Geste in Spanien schon verlobt.

Wir dürfen also nicht davon ausgehen, daß unsere Absichten immer die erwünschten Auswirkungen haben. Unser Schaubild macht das noch einmal deutlich. Weil die meisten Leute unterschiedliche Codes benutzen, haben Handlungen keine einzige und konstante Bedeutung, sondern sind vieldeutig. Oft ist es daher notwendig, unserem Partner die eigenen Absichten und Reaktionen klar und deutlich mitzuteilen und nach den Absichten und Reaktionen des anderen zu fragen.

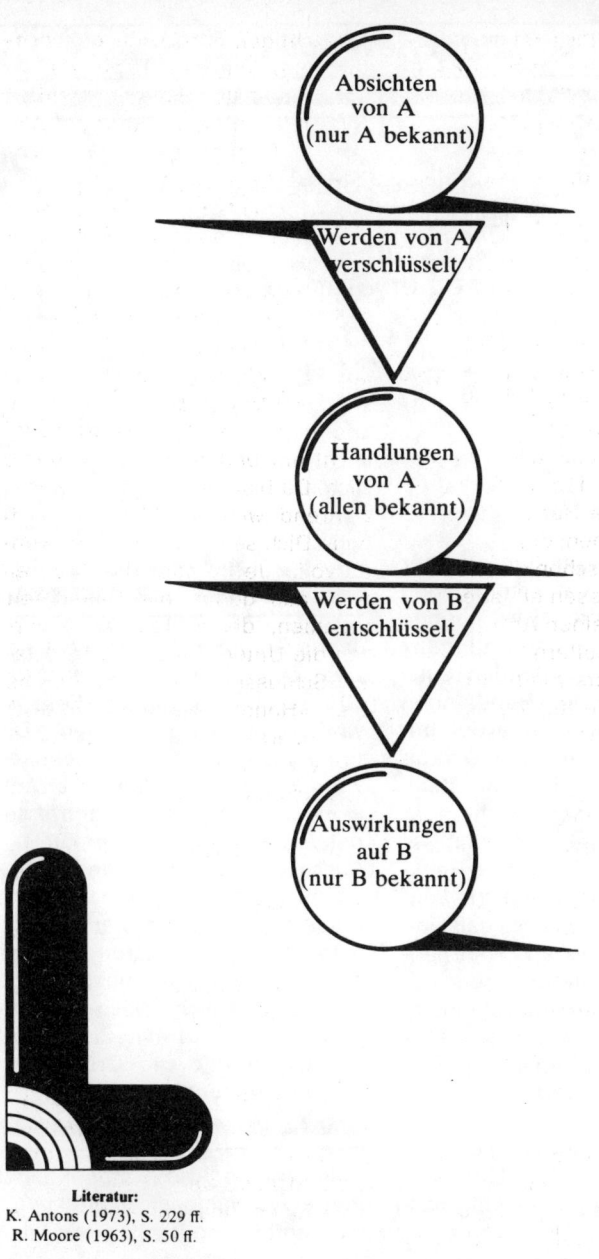

Literatur:
K. Antons (1973), S. 229 ff.
R. Moore (1963), S. 50 ff.

Interview-Spiel

Dieses Spiel korrigiert gegenseitige Vorurteile in einer Gruppe!

Da wir die Handlungen anderer Menschen nach unserem eigenen Schlüssel interpretieren, können wir Fehlinterpretationen nie ganz ausschließen. Wir bilden uns dann aufgrund der Handlungen allmählich ein Urteil über den betreffenden Menschen, das sich oft genug als Fehlurteil herausstellt. Wir glauben, seine Absichten zu kennen, über seine Ansichten Bescheid zu wissen und seine Reaktionen vorausberechnen zu können. Wir haben gelernt, daß solche »interpersonellen Wahrnehmungen« die Interaktionen der Gruppenmitglieder stark beeinflussen. Mit dem folgenden Gruppenspiel können Sie interpersonelle Wahrnehmungen in der Gruppe sichtbar machen und gegenseitige Vorurteile korrigieren. Das Spiel hilft den Gruppenmitgliedern, sich gegenseitig besser zu verstehen.

Spielregeln:

Jedes Gruppenmitglied sucht sich zwei oder drei andere aus der Gruppe aus und darf an diese jeweils eine Frage stellen. Die Frage muß schriftlich festgehalten werden, und ebenfalls die Antwort, die man von dem betreffenden Gruppenmitglied vermutet! Anschließend stellt jedes Gruppenmitglied der Reihe nach seine Fragen. Die Fragen werden vorgelesen, und der Betroffene sagt, ob er die Frage beantworten möchte oder nicht. Nach der Antwort wird die vermutete Antwort vorgelesen und die Gründe für diese Vermutung mitgeteilt.

Spielvariante: Die Gruppe bildet Paare. Auswahlgesichtspunkte für die Paarbildung können sein, daß man sich besser kennenlernen will, daß man entstandene Meinungsverschiedenheiten beseitigen will, usw. Dann stellen sich die Gesprächspartner abwechselnd Fragen. Der Befragte muß bei jeder Frage dem anderen mitteilen, welche Gefühle er bei dieser Frage empfindet und ob er antworten möchte. Wird die Frage beantwortet, muß der Frager anschließend mitteilen, ob er diese Antwort erwartet hat oder nicht, und warum.

Anschließend diskutiert die Gruppe darüber, welche Vorurteile in der Gruppe durch das Interview-Spiel korrigiert worden sind.

Auf Seite 166 finden Sie eine Auswahl von Fragen als Anregung für das Interview-Spiel. Die Fragen sind in ihrem Intimitätsgrad unterschiedlich. Stellen Sie auch Fragen, die Ihnen selbst einfallen. Ändern Sie den Vertraulichkeitsgrad Ihrer Fragen. Prüfen Sie, welches Bedürfnis nach Vertrauen Ihr Partner hat, und achten Sie darauf, welche Fragen er nicht beantworten möchte. Stellen Sie nur solche Fragen, die Sie selbst auch beantworten würden!

Was ärgert Dich bei anderen
Menschen am meisten?
Was bringt Dich am schnellsten
aus der Fassung?
Was ärgert Dich an Dir selbst
am meisten?
In welcher Situation
hast Du zuletzt gelogen?
Welche Ziele strebst Du in
Deinem Beruf an?
Welche Ziele strebst Du in
Deinem Privatleben an?

Was findet
Deiner Meinung nach
das andere Geschlecht an Dir
am anziehendsten?
Was hältst Du an Dir
für wenig anziehend?
Wo liegen Deine besonderen
Fähigkeiten?
Bist Du fähig, Deine Gefühle
anderen gegenüber offen zu äußern?
Was denkst Du über mich?

Welche Gefühle kannst Du
bei Dir am schwersten beherrschen?
Wie war Dein Verhältnis
zu Deinen Eltern?
Wie hängen Liebe und Sexualität
für Dich zusammen?
Warst Du ein guter oder
ein schlechter Schüler?
Was hältst Du von Treue
in der Liebe?

Was hat Dich heute am meisten
innerlich beschäftigt?
Wie leicht findest Du Anschluß
an andere Menschen?
Hast Du Minderwertigkeitsgefühle?

Beratungstechnik

Anstatt
zu helfen,
drängen wir anderen oft
unsere eigenen
Überzeugungen auf!

Einem anderen bei der Lösung eines Problems zu helfen, ist wohl eine der schwierigsten Gesprächsaufgaben. Wenn wir anderen Ratschläge geben, neigen wir dazu, uns selbst zu stark mit dem Problem zu identifizieren. Wir erfassen dann gar nicht, was der andere möchte, sondern bringen unsere eigenen Motive mit ins Spiel. Unser Nachbar fragt uns beispielsweise um Rat, weil sein Sohn in der letzten Zeit nur nachlässig seine Schulaufgaben erledigt. »Sie müssen energischer werden!« ist vielleicht unser spontaner Ratschlag, obwohl unser Nachbar eigentlich gerne wissen wollte, wie er seinen Sohn ohne Druck motivieren kann. »Sie müssen energischer werden!« — Dahinter kann auch unsere unbewußte Überzeugung stehen, daß unser Nachbar viel zu weich in seiner Erziehung ist.
Die gleiche subjektive Interpretation, die uns die Absichten anderer Menschen oft falsch deuten läßt, kann also auch dazu führen, daß wir andere nicht wirklich beraten, sondern unbewußt versuchen, ihnen unsere eigenen Überzeugungen aufzudrängen. Der Sinn einer Beratung sollte es aber sein, dem Ratsuchenden durch Unterstützung und methodische Hilfe die Möglichkeit zu geben, seine eigenen Probleme aufzuarbeiten und konkrete Entscheidungen für deren Lösung selbst zu treffen. Der Berater muß die Person des Ratsuchenden so akzeptieren wie sie ist. Er soll also nicht Psychiater spielen und den anderen zu ändern versuchen, sondern ihm lediglich helfen, sein Problem besser zu durchschauen. Wesentliches Problem für den Berater ist es, sich nicht durch die Erzählung des Ratsuchenden und die Richtung der eigenen Fragen in einen Gesprächsverlauf drängen zu lassen, der das Problem eher verwirrt als durchsichtig macht. Die folgenden Phasen sollten in einem Beratungsgespräch immer eingehalten werden:

Beachten Sie
die nebenstehenden
Regeln
für ein gutes
Beratungsgespräch!

Feststellen der Tatsachen

Die grundlegenden Fakten und
Aspekte der Situation werden gesammelt. Die möglichen Motive
der Beteiligten werden ergründet.
Dem Ratsuchenden sollen die Bedingungen des Problems klar bewußt werden.

Diagnose des Problems

Das Problem wird gemeinsam
klar definiert. Die Problemdefini-
tion enthält einen Motiv- und
einen Zielaspekt, das heißt, es
wird genau formuliert, was erreicht werden soll und warum es
erreicht werden soll. Oft stellt
man dabei fest, daß das wahre
Problem des Ratsuchenden anders lautet als er selbst ur-
sprünglich glaubte.

Treffen von Entscheidungen

Die Handlungen, die zu dem gewünschten Ziel führen, werden
genau festgelegt. Es wird noch
einmal überprüft, ob die getrof-
fene Entscheidung von dem Ratsuchenden rational wie auch gefühlsmäßig akzeptiert werden
kann.

Wenden Sie
beim Beratungsgespräch
die Fragetechnik an!

Übung:

In Arbeitsgruppen, die sich in der Phase des Problemlösens befinden, sind Rat suchen und Rat geben häufige und wichtige Formen der Kommunikation. Der gute Wille der Berater äußert sich dann oft darin, daß sie dem Ratsuchenden eine Menge Lösungsvorschläge anbieten, von denen sie meinen, daß sie wirksam seien. Dieses Anbieten von Lösungen drängt den Ratsuchenden aber in eine passive Rolle. Außerdem ist es meist so, daß bei vorschnellen Ratschlägen dem Berater und dem Ratsuchenden der Umfang des Problems gar nicht richtig bewußt werden, und daß das Problem nur unscharf formuliert wird.

Wenn der Berater also zu schnell eine Antwort findet, wird oft der eigentliche Kern des Problems gar nicht angesprochen, und es wird nur eine Scheinlösung erreicht.

Versuchen Sie daher einmal ganz bewußt, nur durch die Technik des Fragens den Ratsuchenden selbst zu der Problemlösung zu führen. Beachten Sie dabei die drei Phasen der Beratung. Die Fragen sollen in jeder Phase so gestellt werden, daß der Ratsuchende gezwungen ist, sein Problem neu zu formulieren und sich mit den Bedingungen seines Problems zu beschäftigen — d. h. er soll es selbst aktiv angehen. Stellen Sie nur echte Fragen! Die Fragen dürfen also nicht eine indirekte Lösung des Problems anbieten, z. B. durch Fragen wie: »Könnten Sie denn nicht. . . ?« —

Sie sollten wirklich einmal versuchen, während eines solchen Beratungsgesprächs solange in Frageform zu kommunizieren, bis der Ratsuchende zu einer selbständigen Problemlösung gefunden hat.

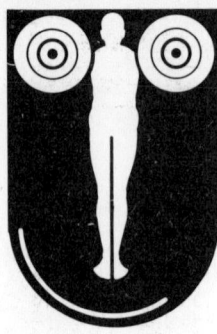

Üben Sie jetzt in Ihrer Gruppe
einmal methodisch
die Beratungstechnik.
Am besten bilden Sie dazu
Dreiergruppen. A spielt
den Ratsuchenden,
B den Ratgeber und C den Beobachter. Dieser soll darauf achten,
daß die Regeln der Beratungstechnik
eingehalten werden,
und dem Ratgeber anschließend
Feedback über sein Beratungs-
verhalten geben.
Wir haben hierfür einige Fragen
für den Beobachter
zusammengestellt.

Fragen zur Beratungstechnik
Wurde das Verhalten des
Ratsuchenden interpretiert?
Wurde seine Ansicht des Problems
(positiv oder negativ) bewertet?
Wurde der Ratsuchende aufgrund
persönlicher Motive des Ratgebers
gelobt oder mißbilligt?
Wurde aktiv zugehört, d. h.
nicht nur (passiv) geschwiegen,
sondern das Gesagte wiederholt
beziehungsweise neu formuliert?
Wurde der Ratsuchende durch
die Ungeduld des Ratgebers
unterbrochen? Zeigten sich
Anzeichen der Unaufmerksamkeit
beim Berater?
Wurden die Tatsachen zur Sprache
gebracht oder sich um die Auf-
deckung der Hintergründe
und Motive der Beteiligten
nicht gekümmert?
Wurde geholfen, die Fakten
in bezug auf die Bedeutung
für das Problem zu analysieren?
Wurden die drei Phasen
des Beratungsgesprächs eingehalten?
Wurden dem Ratsuchenden fertige
Lösungen angeboten oder auf-
dringliche Ratschläge gegeben?
Hielt der Ratgeber moralische
Appelle oder stellte Fragen,
die dem Ratsuchenden abwertend
oder bedrohlich erscheinen mußten,
oder die sich nochmals auf Dinge
bezogen, die bereits geklärt waren?
Beteiligte der Ratgeber den
Ratsuchenden aktiv an der Lösung
des Problems?

Gesprächswiderstände abbauen

„Worte! Worte! Worte!
sie kotzen
mich einfach an,
diese Worte!"

Dieser Ausruf stammt nicht etwa aus einem Ehestreit, sondern von Eliza Doolittle aus dem Musical »My Fair Lady«. Besser kann eigentlich gar nicht ausgedrückt werden, was uns hindert, andere wirklich zu verstehen und ihnen bei ihren Problemen zu helfen. Wir reden einfach zu viel. Wir sind von der Bedeutung unserer Worte für unser Gegenüber zutiefst überzeugt und nehmen uns dabei nicht die Zeit, seine Handlungen richtig zu verstehen und seine Worte zu entschlüsseln. Wir tendieren dazu, zu beurteilen, zu bewerten, Mißfallen oder Gefallen auszusprechen, ehe wir wirklich verstanden haben, was der andere sagt, und versuchen, die Gedanken, Ideen und Vorstellungen aus der Perspektive des anderen zu sehen und herauszufinden, welche Gefühle und Wünsche er damit verbindet.

Aber nicht das Ausmaß unserer

Informationen, sondern das Ausmaß unseres Zuhörens macht uns zu einem begehrten Gesprächspartner. Überlegen Sie einmal, was Sie an guten Freunden schätzen: Sie haben das Gefühl, daß diese nicht versuchen, Sie mit ihren Ratschlägen zu überfahren, sondern daß sie Ihren Problemen gegenüber aufgeschlossen sind — daß sie zuhören können. P. Hofstätter berichtet von einer erstaunlichen Entdeckung der Gruppenforschung: der Gruppenführer ist nicht derjenige, welcher die meisten Informationen oder Befehle gibt, sondern derjenige, der die meisten Informationen von den Gruppenmitgliedern empfängt — also am meisten zuhören muß.

Die Fähigkeit des Zuhörens und des Eingehens auf andere sollten Sie systematisch üben. Bearbeiten Sie zunächst einmal die folgenden drei Aufgaben:

Wählen Sie zwei oder drei Menschen aus, mit denen Sie täglich zu tun haben und die für Ihre Arbeit oder Ihr Privatleben wichtig sind. Nehmen Sie für jeden ein großes Blatt Papier, und versuchen Sie, schriftlich die folgenden Fragen zu beantworten: Welche wichtigsten Ziele hat diese Person im Beruf, im Privatleben? Was interessiert ihn am meisten? Welche Probleme hat er? Wie denkt er über Dinge, die mir wichtig sind? Was denkt er von mir? Wie könnte ich ihm am besten helfen? Beantworten Sie diese Fragen so sorgfältig wie möglich. Versuchen Sie, sich genau in den anderen hineinzuversetzen! Sehen Sie sich in der Tageszeitung Stellenbewerbungen an. Gute Bewerbungen stellen nicht die Person des Bewerbers, sondern die möglichen Bedürfnisse der angesprochenen Unternehmen in den Mittelpunkt der Anzeige. Suchen Sie Beispiele für gute und schlechte Bewerbungen. Stellen Sie sich dann vor, Sie bewerben sich um eine bestimmte Stellung. Formulieren Sie eine gute Stellenanzeige und einen Bewerbungsbrief. Überlegen Sie sich dabei, welche Anforderungen wohl an den Posten gestellt werden, um den Sie sich bewerben, und formulieren Sie Anzeige und Brief entsprechend. Stellen Sie eine Liste möglichst abstrakter Wörter zusammen. Beispiele: Freiheit, Liebe, Kooperation, usw. ... Versuchen Sie, eine Definition für diese Wörter zu finden. Umschreiben Sie sie möglichst genau mit Ihren eigenen Worten. Jetzt suchen Sie sich drei gute Bekannte aus und überlegen sich, wie diese die Wörter auf Ihrer Liste umschreiben würden. Überlegen Sie sich besonders die möglichen Meinungsverschiedenheiten zwischen Ihnen und Ihren Bekannten. Machen Sie diese Übung schriftlich.

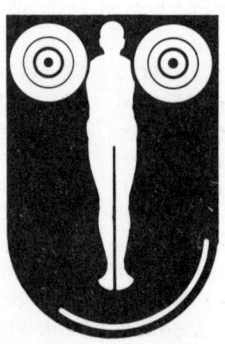

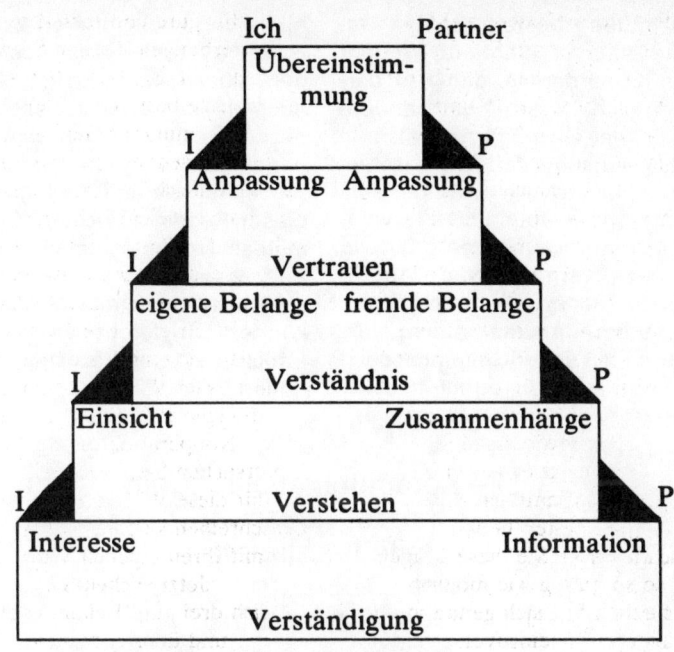

Ich   Partner

Übereinstim-
mung

I   P

Anpassung Anpassung

I   Vertrauen   P

eigene Belange fremde Belange

I   Verständnis   P

Einsicht   Zusammenhänge

I   Verstehen   P

Interesse   Information

Verständigung

Die Kommunikations-Pyramide

Ein Gesprächspartner
reagiert abwehrend,
wenn er sich in seinem
Selbstbewußtsein
bedroht fühlt.

Ebenso wie wir uns bemühen, die Absichten und Handlungen unserer Gesprächspartner besser zu deuten, können wir auch die Art, wie unsere Absichten und Handlungen gedeutet werden, beeinflussen. Durch die Art unserer Kommunikation erzeugen wir oft Abwehrhaltungen bei unserem Gesprächspartner anstatt die Bereitschaft zum Zuhören.

Unser Gesprächspartner reagiert abwehrend, wenn er sich in einem Gespräch in seinem Selbstbewußtsein bedroht fühlt. Er verwendet dann ein erhebliches Maß seiner Energie auf seine Selbst-

173

verteidigung anstatt auf das Gesprächsthema. Während er über das Thema spricht, denkt er darüber nach, wie er auf andere wirkt, wie er möglicherweise in einem günstigeren Licht gesehen werden könnte, wie er Sieger sein könnte, wie er dominieren könnte, wie er Eindruck machen oder wie er einen vermeintlichen Angriff vermeiden oder abwehren könnte. Eine solche Abwehrhaltung verhindert, daß unser Gesprächspartner sich auf den Inhalt unserer Mitteilung konzentrieren kann. Er ist viel zu sehr damit beschäftigt, den unbewußt erlebten Angriff auf seine Person abzuwehren. Wir haben für Sie sechs Kommunikationsregeln zusammengestellt. Versuchen Sie, auf die Einhaltung dieser Regeln zu achten. Sie vermeiden so, mit Ihren Worten das Selbstbewußtsein Ihres Gesprächspartners anzugreifen und können ein defensives und mißtrauisches Gesprächsklima abbauen.

Die Kommunikationsregeln auf der nächsten Seite verhindern Abwehrhaltungen beim Gesprächspartner!

Sechs Gesprächsregeln

1. Beschreibend anstatt bewertend

Vorwürfe, Bewerten nach »Gut« und »Böse«, moralische Urteile über andere bringen den Gesprächspartner dazu, daß er sich in acht nimmt oder den vermuteten Angriff abwehrt. Hinter einer bewertenden Ausdrucksweise steht unausgesprochen die Aufforderung, daß der andere sein Verhalten ändern soll. Dagegen läßt das einfache Mitteilen von Gefühlen, Ereignissen und Wahrnehmungen dem anderen die Möglichkeit, selbst Stellung zu beziehen.

2. Problemorientiert anstatt kontrollierend

In den meisten sozialen Beziehungen versucht immer jemand, einen anderen zu beeinflussen. Allen Versuchen, einen anderen zu beeinflussen, liegt aber die Annahme zugrunde, daß dieser in irgendeiner Weise eine falsche Einstellung hat oder sich falsch verhält. Unausgesprochen steht hinter einer beeinflussenden Ausdrucksweise die Annahme, daß der Zuhörer uninformiert, unreif oder nicht in der Lage ist, seine eigenen Entscheidungen zu treffen. Eine problemorientierte Ausdrucksweise gibt dagegen zu erkennen, daß man selbst noch keine bestimmte Lösung von Problemen oder festgelegte Meinung hat, die man dem anderen aufzwingen möchte. Es wird das Bedürfnis nach Zusammenarbeit und gemeinsamer Problemlösung im Gespräch herausgestellt.

3. Spontan anstatt strategisch

Niemand ist gern das Opfer von verborgenen Zielsetzungen. Gruppenmitglieder, die bewußt bestimmte Informationen zurückhalten oder ihre wahren Absichten nicht offen aussprechen, erzeugen Ärger und eine Gesprächshaltung, in der einer den anderen heimlich zu beeinflussen sucht. Hat man dagegen den Eindruck, daß der Sprecher das, was er sagt, auch wirklich meint, sind die anderen ebenfalls mehr zur Offenheit bereit.

4. Einfühlend
anstatt neutral

Der Gesprächspartner möchte als Person ernstgenommen werden, als Individuum mit eigenen Bedürfnissen und Zielen und als Partner mit Beachtung und Zuneigung. Eine distanzierte Ausdrucksweise mit geringem emotionalem Gehalt erzeugt Desinteresse und Abwehr. Wenn der Sprecher dagegen mitteilt, daß er sich mit den Problemen des Zuhörers identifiziert, daß er seine Gefühle teilt oder akzeptiert, ist der Zuhörer auch bereit, den Sprecher zu akzeptieren.

5. Gleichberechtigt
anstatt überlegen

Wenn jemand einem anderen zu verstehen gibt, daß er sich ihm überlegen fühlt hinsichtlich Position, Einfluß, Reichtum, intellektueller Fähigkeiten, Körperstärke oder in irgendeiner anderen Weise, dann erzeugt er Abwehr. Der Betroffene reagiert dann so, daß er die Mitteilung »überhört«, sie verdrängt, mit dem Sprecher unbewußt in Wettbewerb tritt oder eifersüchtig wird. Wenn man zu erkennen gibt, daß man sich einem anderen überlegen fühlt, drückt man damit aus, daß man an einer gemeinsamen Arbeit oder einem engagierten Gespräch eigentlich gar nicht interessiert ist. Gleichberechtigung drückt man dagegen aus, indem man zu erkennen gibt, daß man Unterschieden in Begabung, Fähigkeit oder im Status des anderen keine große Bedeutung beimißt.

6. Improvisierend
anstatt formal

Diejenigen, die bereits alle Antworten kennen, die keine zusätzlichen Informationen brauchen, in ihren Ansichten dogmatisch sind, sich an festen Regeln oder Tagesordnungen orientieren, haben wenig Toleranz für diejenigen, die nicht mit ihnen übereinstimmen. Zeigt man dagegen, daß man bereit ist, ausgetretene Pfade zu verlassen, Informationen oder Hilfe von anderen zu akzeptieren, steigt auch die Bereitschaft der anderen zur Zusammenarbeit.

12. Körpersprache

Viele
wichtige Informationen
erhalten wir
auf nicht–sprachlichem
Weg

Bisher wurde meist über sprachliche Kommunikation in der Gruppe gesprochen. Viele Informationen, die wir von anderen empfangen, erhalten wir aber auch auf nicht-sprachlichem Weg. Da viele Menschen die Tendenz haben, ihre wahren Gefühle zu verbergen oder sich ihrer Empfindungen oft selbst nicht bewußt sind, können wir sie besser verstehen, wenn wir es lernen, die Informationen ihrer »Körpersprache« zu empfangen. Die Körpersprache ist oft viel ehrlicher, weil wir in unserem Kulturbereich unseren Körper viel weniger kontrollieren als unsere Sprache. Die Frau, die dem Psychiater sagt, sie liebe ihren Mann, und dabei den Kopf schüttelt, ist ein Beispiel dafür.

Den Kopf verlieren ... Ein saures Gesicht machen ... Die Stirn bieten ... Die Ohren steif halten ... Die Nase rümpfen ... Rückgrat haben ... — solche und ähnliche Begriffe zeigen, daß auch in der Körpersprache unbewußte und mehr oder weniger feste Regeln dafür vorhanden sind, wie man Empfindungen ohne Sprache ausdrückt. Und oft reagieren wir auch auf nicht-sprachliche Signale, ohne weiter darüber nachzudenken. Ein Mann kommt uns auf einem engen Bürgersteig entgegen. Ohne zu sprechen, weichen wir aus und gehen aneinander vorbei. Keiner hat bewußt darüber nachgedacht, in welche Richtung er ausweichen mußte, die Körpersprache hat es signalisiert. Manchmal sind diese Signale allerdings undeutlich. Dann gehen beide gleichzeitig nach links und dann gleichzeitig nach rechts, lächeln sich entschuldigend an und gehen erst dann aneinander vorbei. Auch in der Körpersprache gibt es also ein »Stottern«.
Wir haben gesehen, wie wichtig es ist, sich der eigenen Empfin-

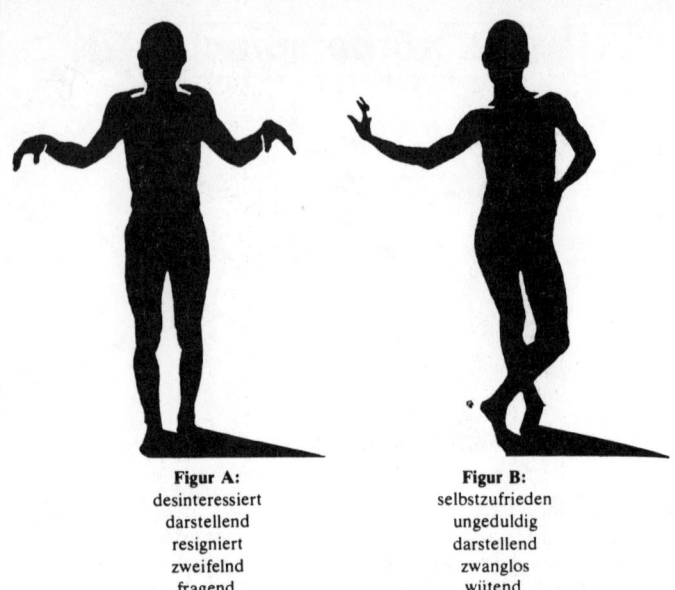

Figur A:
desinteressiert
darstellend
resigniert
zweifelnd
fragend.

Figur B:
selbstzufrieden
ungeduldig
darstellend
zwanglos
wütend.

dungen bewußt zu werden, die unsere Kommunikation in Gruppen und unser Verhalten zu anderen beeinflussen. Lernen wir es also, unsere Körpersprache als Symbolsprache zu verstehen: Gesten und Bewegungen enthüllen das Unbewußte, die verschleierten Gefühle. In diesem Abschnitt sollen typische Symbole besprochen werden, mit denen der Körper Unbewußtes deutlich macht. Aber auch bei der Deutung dieser Symbole gilt der Grundsatz, daß wir unsere Umgebung nicht objektiv, sondern subjektiv wahrnehmen. Auch ganz einfache nonverbale Äußerungen von Personen, von denen wir meinen, daß wir sie eindeutig definieren kön-

nen, führen uns oft in die Irre. Betrachten Sie einmal die auf dieser Seite abgebildeten **vier Figuren** und versuchen Sie, für jede Figur festzustellen, was diese mit ihrer Haltung ausdrücken will. Benutzen Sie für die Beschreibung jeweils nur ein Eigenschaftswort für jede Figur.
Wie haben Sie die Haltungen dieser Figuren interpretiert? ... Wir haben unter die Abbildungen eine Reihe von Interpretationen gesetzt, die andere für die Haltung dieser Figuren gefunden haben.

Einige dieser Interpretationen ähneln sich natürlich, aber wir finden doch für jede Figur eine ganze Skala von Beschreibungen,

Figur C:
erstaunt
dominant
mißtrauisch
unentschlossen
zurückhaltend.

Figur D:
schüchtern
unsicher
schamhaft
bescheiden
traurig.

die oft ganz erheblich differieren. Figur B wird z. B. einmal als »zwanglos«, ein andermal als »wütend« erlebt. Wenn wir in Zukunft verstärkt auf nicht-sprachliche Signale in Gruppen achten, können uns solche Beobachtungen helfen, den anderen besser zu verstehen. Wir sehen aber, daß wir unsere Beobachtungen nicht einfach schweigend interpretieren dürfen, ohne mit dem anderen darüber zu sprechen.

Wenn Sie in einem Fahrstuhl oder in der Straßenbahn dicht neben anderen Menschen stehen müssen, befolgen Sie meist ganz automatisch bestimmte strenge Verhaltensregeln: Sie stehen so steif und gerade wie möglich und versuchen, Ihren Nachbarn auf keinen Fall irgendwo zu berühren. Tun Sie es doch, rücken Sie entweder beiseite, oder Sie spannen Ihre Muskeln an. Mit dieser Reaktion »sagen« wir nach Julius Fast folgendes: »Ich bitte Sie um Entschuldigung, daß ich in Ihre Zone eindringe, aber die Situation zwingt mich dazu, und ich werde selbstverständlich Ihre Privatzone respektieren und keinesfalls vertraulich werden!« Die Kinesik, die Wissenschaft von der Körpersprache, hat herausgefunden, daß es hauptsächlich vier Distanzzonen gibt, mit denen Menschen nichtsprachlich ihre Bedürfnisse nach Kontakt ausdrücken:

1. intime Distanz

2. persönliche Distanz

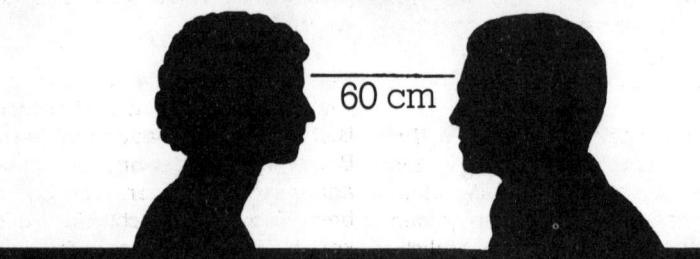

60 cm

3. gesellschaftliche Distanz

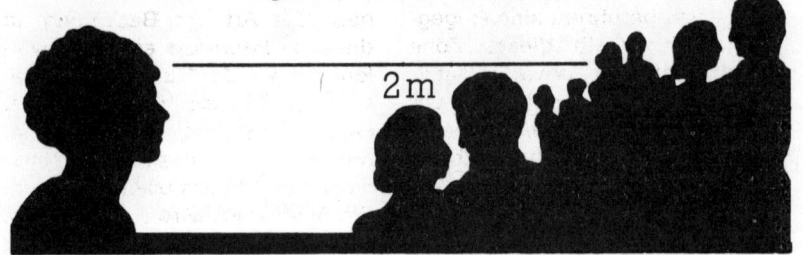

2 m

4. öffentliche Distanz

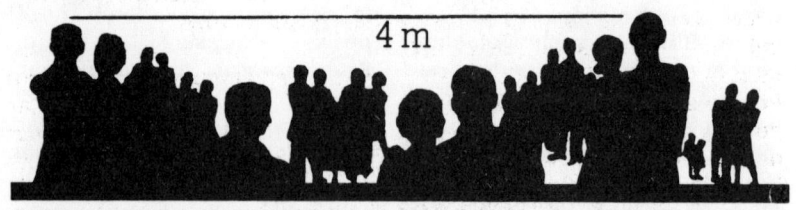

4 m

Die **intime Distanz** reicht vom direkten körperlichen Kontakt bis zu einer Entfernung von ungefähr 60 cm. Wenn diese Distanzzone also von Fremden durchbrochen wird, kann dies leicht Unruhe und Unbehagen auslösen. Deshalb das unbewußte »Steifmachen« im Fahrstuhl. Wir drücken damit aus, daß wir sozusagen eine »Nichtperson« sind, der andere also keinen Grund hat, die Verletzung seiner intimen Distanzzone zu fürchten.

Die Zone der **persönlichen Distanz** reicht etwa von 60 bis 160 cm. Es ist eine Art »Cocktailparty-Distanz«. Sie erlaubt einen gewissen Grad von Vertraulichkeit, aber da es in dieser Entfernung bereits schwerfällt, den Partner zu berühren, sind Begegnungen innerhalb dieser Zone meist nicht sehr privater Natur. Wenn sich zwei Leute auf der Straße treffen, halten sie meist diese Entfernung ein, um sich ein bißchen zu unterhalten.

Im Bereich der **gesellschaftlichen Distanz** erledigen wir im allgemeinen unsere unpersönlichen Angelegenheiten: in dieser Distanz (ca. 150 bis 200 cm) unterhalten wir uns mit einem Kunden oder einem fremden Besucher, mit dem Handwerker, dem Lebensmittelverkäufer oder dem Postboten. Der große Schreibtisch des Chefs hält seine Untergebenen in dieser Distanz und zeigt ihnen, ohne dies aussprechen zu müssen, daß hier persönliche Beziehungen unerwünscht sind. Die gesellschaftliche Distanz hat aber auch Schutzfunktion. Bis auf diese Distanz können sich andere Menschen nähern, ohne daß man sie unbedingt beachten müßte, ohne dabei unhöflich zu wirken. Nicht ohne Grund gibt es meist in den Behördenzimmern den breiten Tresen, der die Besucher vom eigentlichen Arbeitsfeld des Beamten trennt.

Bei einem Abstand ab ungefähr 4 m beginnt schon die **öffentliche Distanz.** Hier hat jede persönliche Beziehung aufgehört, und man agiert als Einzelner. Der Lehrer beim Frontalunterricht, der Politiker bei seiner Ansprache, der Schauspieler auf der Bühne bewegt sich in dieser Distanz. Je nach der Art von Beziehung, in die zwei Personen eintreten wollen, werden die Distanzzonen gegenseitig respektiert und bei einer Verletzung verteidigt. Im Kino setzt man sich möglichst nicht direkt neben einen Fremden. Ein Restaurant wird unangenehm, wenn es zu voll ist. Aber wenn wir der einzige Besucher sind, ist dies ebenso unangenehm, weil dann noch nicht einmal die Möglichkeit besteht, auf der gesellschaftlichen Distanzebene Kontakt aufzunehmen.

Auch der Dompteur macht sich die Kenntnis der Distanzzonen zunutze. Er weiß genau, daß der Löwe ihn nicht angreift, wenn er diesem nicht zu nahe kommt, sondern solange zurückweicht, bis seine persönliche Distanzzone wiederhergestellt ist. Erst wenn der Löwe nicht mehr ausweichen kann, wird es für den Dompteur gefährlich. Auch gute Vertreter wenden die Distanzregeln unbewußt an. Wenn ihnen die Hausfrau öffnet, setzen sie nicht etwa »einen Fuß in die Tür« — das käme einem Angriff auf die Intimsphäre gleich — sondern treten einen Schritt zurück. Sie deuten damit an: »Ich bin nicht aufdringlich. Ich versuche nicht, Sie einzuengen. Sie können jederzeit in eine weitere Distanzzone ausweichen, wenn Sie es wünschen.« Der Chef hingegen, der sich weit über den Schreibtisch seines Angestellten beugt, zeigt damit deutlich: »Ich bin hier der Herr! Ich kann jederzeit die Art von Kontakt herstellen, die mir behagt!« Man stelle sich einmal vor, was für Gefühle ein gleiches Verhalten des Angestellten am Schreibtisch des Chefs auslösen würde.

Julius Fast berichtet von einfachen Soldaten, die im Duschraum vor Unteroffizieren katzbuckelten, ohne sie zu kennen oder zu wissen, welchen Rang sie innehatten. Die Unteroffiziere konnten allein durch ihr Verhalten und Auftreten ganz deutliche Rangbotschaften in der Körpersprache aussenden. Auch in der Geschäftswelt, wo weder Tressen noch andere Rangsymbole zur Schau getragen werden, haben leitende Angestellte trotzdem meist die Fähigkeit, ein Gefühl der Überlegenheit auszustrahlen. Man hat herausgefunden, daß dies ebenfalls mit den Distanzzonen zusammenhängt. Wie schnell jemand in den persönlichen Raum eines anderen eindringt, wie dieser verteidigt wird und auf welche Weise dies getan wird, an solchen nicht-sprachlichen Verhaltensweisen kann ein geschulter Beobachter sehr schnell den Status von Personen erkennen. Wie ist die Frage der Nähe oder des Abstandes in einer Gruppe gelöst?

An
der Art,
wie mit Distanzzonen
umgegangen wird,
kann ein geschulter
Beobachter den
Rang eines Menschen
erkennen.

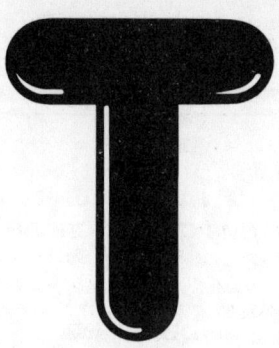

Wie groß sind die »Distanzblasen«
der Gruppenmitglieder untereinander? Wie geht man mit dem
persönlichen Raum des anderen um?
Die Beantwortung dieser Fragen
kann Ihnen oft schneller zeigen,
wie die Frage der Intimität
in einer Gruppe gelöst wurde,
als es alle, noch so herzlichen
gegenseitigen Äußerungen
der Gruppenmitglieder zu tun
vermögen.

Wortlose Begegnungen

Man kann
das gesprochene
Wort
auch dazu
benutzen,
anderen etwas
vorzumachen!

William C. Schutz, der mit körperlichen Gruppenübungen die persönliche Entfaltung der Gruppenmitglieder erreichen will, erzählt in seinem Buch »Freude«: »Beim ersten Zusammentreffen einer Kontaktgruppe wurden alle Teilnehmer instruiert, sie sollten auf den Gebrauch von Worten, geschrieben wie gesprochen, verzichten. Außerdem wurden die Stühle nicht in der sonst üblichen Kreisanordnung aufgestellt. Eine Gruppe hatte einen Tisch zur Verfügung: die Gruppenmitglieder kamen in einen Raum, in dem die Stühle auf einer Seite zusammengeschoben waren, und mußten sich eine Stunde lang ohne Worte miteinander verständigen. Mit diesem Versuch sollte zu einer nichtverbalen Mitteilungsform ermuntert werden. Es war ein einzigartiges Erlebnis. Die Gruppe tanzte, gestikulierte mit Händen und Füßen, versuchte Sinngehalte durch Gebärden auszudrücken usw. Eine überraschende Entdeckung zeichnete sich ab. Offenbar ergab sich aus der ersten, wortlosen Begegnung für alle ein weit klareres Bild von den einzelnen Gruppenmitgliedern, als es normalerweise nach einer mehr in der herkömmlichen Weise verlaufenen Begegnung existiert. Vielleicht unterstreicht diese Entdeckung die Tatsache, daß die Menschen das gesprochene Wort gemeinhin dazu benutzen, um anderen etwas vorzumachen und sich nicht durchschauen zu lassen. Diese Methode fördert die Umwandlung von Empfindungen in Aktionen. Der Wunsch der Gruppe, einen bestimmten Teilnehmer aufzunehmen, wurde dadurch zum Ausdruck gebracht, daß mehrere Gruppenmitglieder dem Betreffenden samt seinem

Stuhl buchstäblich aufnahmen und in den von der Gruppe gebildeten Kreis hineintrugen...«
Dr. Schutz wollte mit dieser Übung »Empfindungen in Aktionen umwandeln«. Wir gehen mit den folgenden Spielen den umgekehrten Weg. Wandeln Sie Ihre Aktionen in Empfindungen um. Entdecken Sie, welche körperlichen Ausdrucksmöglichkeiten Ihnen zur Verfügung stehen. Entdecken Sie, was körperliche Signale von anderen alles bedeuten können.

Die folgenden Spiele sind nicht reiner Selbstzweck. Mit einigen Spielen können Sie demonstrieren, wie eine Gruppe wirklich zueinander steht, ohne daß ein Ausweichen in die Sprache möglich ist. Es ist daher wichtig, daß Sie in jedem Fall jede einzelne nichtverbale Übung mit der Gruppe anschließend ausführlich besprechen.

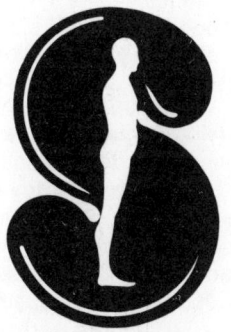

(Die Übungen
sind Büchern
von W. Schutz (1971) und
Pfeiffer/Jones (1971)
entnommen.)

Raumfühlen

Manche Menschen betrachten es schon als einen Übergriff, wenn zufällig jemand in ihren persönlichen Bereich gelangt. Andere dringen nur sehr vorsichtig in den Bereich eines anderen Menschen ein, aus Furcht, sie seien unerwünscht. Wieder andere suchen bewußt nach körperlichen Kontakten.

Fordern Sie die Gruppenmitglieder auf, nahe zusammenzurükken. Dann sollen sie die Augen schließen, die Hände ausstrecken und »ihren persönlichen Raum« fühlen — den gesamten Raum vor ihnen, über ihnen, hinter ihnen und unter ihnen. Dann sollen die Gruppenmitglieder, ohne dabei zu sprechen, untereinander in Kontakt treten, indem sie ihre Hände überkreuzen und berühren. Sie sollen sich dabei ihrer Gefühle bewußt werden, wenn sie in einen anderen Raum eindringen.

Blinde Kuh

Beim Spiel »Raumfühlen« wurde der Konflikt zwischen Alleinsein und Zusammensein deutlich. Im nächsten Schritt werden jetzt die Gefühle beim Zusammensein geklärt. Alle Gruppenmitglieder stehen auf, schließen die Augen, strecken die Hände aus und gehen schweigend im Raum umher. Wenn zwei Gruppenmitglieder aufeinandertreffen, erforschen sie einander (mit den Händen oder mit ihrem Körper) — sie erkunden das Wesen des anderen Menschen und versuchen, ihn zu »erfassen« (!).

Einbrechen

Oft kommt es vor, daß ein Gruppenmitglied sich aus der Gruppe »ausgestoßen« fühlt. Dann kann dieses Gruppenmitglied symbolisch wieder in den Kreis aufgenommen werden: Die Gruppe bildet einen engen Kreis, indem sie sich anfaßt oder unterhakt. Das »ausgestoßene« Gruppenmitglied muß nun versuchen, von außen in diesen Kreis zu gelangen. Es kann dabei die Mittel der Überredung, Versprechungen, Schmeichelei und auch körperliche Kraft anwenden (Vorsicht, Brillen, Uhren und ähnliche Gegenstände, die zerbrechen oder andere verletzen könnten, sollen vorher abgenommen werden!). Nachdem das Gruppenmitglied wieder aufgenommen wurde, drückt es der Gruppe gegenüber die Gefühle aus, die es nach der Wiederaufnahme hat.

Integration

Wieviel Vertrauen herrscht in einer Gruppe? Wie eng soll der Kontakt sein, den die einzelnen Gruppenmitglieder zur Gruppe wünschen? Fühlt man sich »innerhalb« oder eher »außerhalb« der Gruppe stehend? Solche Fragen lassen sich meist schwer beantworten. Eine einfache Übung kann hier mehr als alle Worte ausdrücken. Die Gruppe bildet einen Kreis, aber ohne sich dabei anzufassen. Die Gruppenmitglieder sollen nun die Augen schließen und sich vorstellen, die Mitte des Kreises symbolisiere für sie den Ort der größten Intimität mit der Gruppe. Jetzt soll jeder in Gedanken auf diese Mitte zugehen. Wie nahe möchte man dem Punkt der größten Gruppenintimität sein? Fühlt man sich völlig in der Gruppe geborgen oder distanziert man sich eher von ihr? Dann öffnen alle die Augen. Alle gehen auf die Gruppenmitte zu und bleiben in einer Entfernung stehen, die das vorher empfundene Verhältnis zur Gruppe symbolisieren soll.

Lebendes Soziogramm

Jede Gruppe entwickelt im Laufe der Zeit ein bestimmtes Netz von Beziehungen zwischen den Gruppenmitgliedern. Es bilden sich Paare, Oppositionen — einige haben viele Kontakte zu anderen Gruppenmitgliedern, andere haben mehr die Postion des Außenseiters. Dieses Beziehungsnetz wird zudem — aus dem Blickwinkel der eigenen Interessen und Empfindungen — von jedem Gruppenmitglied anders wahrgenommen. Diese Wahrnehmungen sollen durch die folgende Übung ausgedrückt werden. Die Gruppenmitglieder stellen sich im Raum auf. Ein Gruppenmitglied beginnt jetzt, den anderen und sich selbst entsprechend der Beziehung der Gruppenmitglieder untereinander einen Platz im Raum zuzuweisen. (Zwei Mitglieder mit einer engen Beziehung werden also nahe zusammengestellt, Gegner Rücken an Rücken, usw.) Dabei soll sich das Gruppenmitglied, welches das Soziogramm herstellt, auch als Bildhauer betätigen. Es darf die anderen Gruppenmitglieder in Haltungen bringen, die etwas Typisches über sie aussagen. (Ein aggressives Gruppenmitglied könnte beispielsweise mit erhobener Faust dargestellt werden. Der Phantasie der Gruppenmitglieder sind bei diesem »Modellieren« keine Grenzen gesetzt!) Dann fährt das nächste Gruppenmitglied fort und verändert das Gruppenbild, wenn es mit dem vorgefundenen nicht einverstanden ist. Das ganze muß unbedingt schweigend geschehen. In diesem Gruppenspiel erhält jedes Gruppenmitglied sehr viel Feedback darüber, wie es selbst und seine Stellung zu den anderen in der Gruppe gesehen wird. Auf jeden Fall sollte also genügend Zeit für die nach dem Spiel bestimmt einsetzende Diskussion vorgesehen werden.

Der Schlüssel zu sich selbst

Wenn wir
einen Weg zu
anderen Menschen
finden wollen,
müssen wir zunächst
einen Weg
in unser Inneres
finden!

Setzen Sie sich bitte jetzt einmal in eine ruhige Ecke, wo Sie möglichst niemand stört. Schließen Sie die Augen und entspannen Sie sich. Stellen Sie sich vor, Sie wären an einem Ort 1000 Meilen von Menschen und jeglicher Zivilisation entfernt. Wie fühlen Sie sich? Was sehen Sie? Lassen Sie den Bildern, die jetzt in Ihnen aufsteigen, freien Lauf ... Denken Sie jetzt an eine Gruppe, mit der Sie häufig zu tun haben. Stellen Sie sich vor, Sie wären jetzt irgendwo und die übrigen Gruppenmitglieder kämen auf Sie zu. Wie kommen die Gruppenmitglieder auf Sie zu? Wie verhalten Sie sich dabei? Versuchen Sie nicht, rational zu überlegen, sondern öffnen Sie sich Ihrer Phantasie ... Wir sind meistens so sehr damit beschäftigt, unsere Umwelt und andere Menschen wahrzunehmen und auf sie zu reagieren, daß wir ganz vergessen, auf etwas viel Wichtigeres zu achten — auf uns selbst! Wir reden soviel mit anderen, daß uns für einen Dialog mit uns selbst keine Zeit mehr bleibt. Viele unserer zwischenmenschlichen Probleme haben aber ihre Ursache in Konflikten, die in uns selbst liegen. Wenn wir einen Weg zu anderen Menschen finden wollen, müssen wir deshalb zunächst einen Weg in unser Inneres finden. Eine bewährte, aber meist sehr vernachlässigte Methode zur Intensivierung unseres Ich-Bewußtseins besteht darin, sich einmal einfach eine halbe Stunde zurückzuziehen und über seine Erlebnisse und Empfindungen nachzudenken. Sie sollten jeden Tag eine kurze Zeit des Alleinseins nicht nur zur Entspannung benutzen, sondern dazu, sich auf sich selbst zu konzentrieren, auf Ihre Gefühle und Ihre Beziehungen zu anderen Menschen.

W. Schutz beschreibt in seinem Buch »Freude« einige Übungen, die Ihnen helfen sollen, sich selbst besser kennenzulernen und mit sich selbst besser fertig zu werden. Konzentrieren Sie sich bei diesen Übungen auf sich selbst, auf Ihre Gefühle und auf Ihre Beziehungen zu anderen Menschen. Sie erweitern damit auch Ihr Verständnis für den anderen.

Phantasie-Duell

Nicht nur Konflikte mit anderen Menschen werden uns zum Problem, sondern auch unsere inneren Konflikte. Der berühmte Esel zwischen den beiden Heuhaufen ist ein Beispiel dafür. Um zu klären, welche psychologischen Elemente an einem solchen inneren Konflikt beteiligt sind, können Sie einmal versuchen, die Bestandteile dieses Konflikts zu »personifizieren«. Wir wollen dies an einem ganz einfachen Beispiel demonstrieren. Angenommen, Sie haben sich über einen Freund geärgert. Sie möchten ihm das einerseits gern sagen, andererseits wollen Sie aber auch Ihre gute Beziehung nicht unnötig gefährden.

Stellen Sie sich nun vor,
in Ihrem Kopf befänden sich zwei Menschen.
Der eine rät Ihnen, Ihrem Freund
den Grund Ihres Ärgers mitzuteilen,
der andere rät Ihnen das Gegenteil.
Malen Sie sich nun eine Diskussion
zwischen diesen beiden imaginären Personen aus.
Jeder versucht, den anderen
zu seiner Auffassung zu bekehren.
Welche Argumente benutzen Sie?
Wer behält die Oberhand? Wenn das Rede-Duell
zu keinem Ergebnis führt,
lassen Sie die beiden Personen zu einem
Ringkampf antreten, und beobachten Sie,
was geschieht. Denken Sie anschließend
darüber nach, welche Gedanken
und Empfindungen Sie während
dieses Duells hatten.

Konzentrieren Sie sich bei diesen Übungen auf Ihre inneren Vorgänge!

Double

Es ist oft schwierig, das Denken und Erleben anderer Menschen zu verstehen und nachzuempfinden. Was wir von anderen hören, reicht meist nicht aus, um diese wirklich zu verstehen.

Versetzen Sie sich einmal in die Lage
eines anderen Menschen, den Sie besser
kennenlernen möchten, indem Sie sein
Double werden. Konzentrieren Sie sich darauf,
welche Körperhaltung der andere einnimmt
und versuchen Sie, diese bewußt nachzuahmen.
Achten Sie auf die Haltung seiner
Hände und Füße, auf die Neigung des Kopfes,
die Spannung, die sich im Gesicht oder in der
Körperhaltung ausdrückt.
Nun versuchen
Sie sich bewußt zu werden, wie Ihnen dabei
zumute ist.
Es fällt Ihnen dann meist
wesentlich leichter, die Empfindungen
des anderen zu verstehen. Am besten
wäre es natürlich, wenn Sie hinterher mit
Ihrem »Vorbild« darüber sprechen.

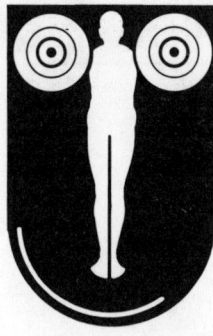

Analogien bilden

Auch über sich selbst können Sie auf diese Weise neue Erkenntnisse gewinnen. Auch die am Anfang dieses Abschnitts geschilderten Phantasien können Ihnen helfen, sich selbst besser zu erkennen. Sind Sie wirklich gern allein? Welches Verhältnis haben Sie zu einer bestimmten Gruppe? Sie haben zahllose Möglichkeiten, sich bestimmte Situationen auszudenken und diese in Ihrer Phantasie zu erleben.

Vergleiche helfen uns oft, Dinge besser zu beschreiben und zu begreifen. Ein ähnliches Verfahren können wir auch bei Menschen anwenden.

Versuchen Sie, sich das Wesen eines anderen Menschen klarzumachen, indem Sie sich fragen: »Womit hat er Ähnlichkeit? Woran erinnert er mich?« Lassen Sie Ihrer Phantasie dabei freien Lauf. Sie können sich z. B. fragen: »Wenn dieser Mensch eine Farbe wäre, welche Farbe würde er dann sein?« oder: »Welche Art Nahrungsmittel?« oder: »Was für ein Möbelstück? Was für ein Tier?« oder: »Welcher Geruch würde zu ihm passen? In welcher Zeit müßte er eigentlich leben?«

Literatur:
J. Fast (1971)
W. Schutz (1971)

13. Gespielte Wirklichkeit

„Der sich
entwickelnde Mensch,
der Primitive
und das Kind,
versuchen,
sich erfolgreich mit
der Wirklichkeit
auseinanderzusetzen,
indem sie Modelle von
den Dingen,
die sie für wichtig halten,
herstellen."

Mit dieser Bemerkung leitet C. Abt sein Buch über Planspiele ein. Auch durchaus ernstzunehmende Männer der Geschichte haben sich mit »Sandkastenspielen« beschäftigt. Die Militärgeschichte bietet ein gutes Beispiel dafür. Das Spiel ist eben »ein weites Feld für eine risikolose aktive Erkundung ernster theoretischer und gesellschaftlicher Probleme« (C. Abt). Es ist tatsächlich »gespielte Wirklichkeit«.

Schauen wir uns einmal ein gesellschaftliches Problem an, mit dem wohl die meisten von uns unmittelbar in Berührung kommen, das Problem der Beziehungen zu unseren Kollegen am Arbeitsplatz. Zwischen den Angehörigen eines Sozialverbandes (z. B. einer Betriebsorganisation) haben alle Sachbeziehungen auch eine soziale Dimension. So wird z. B. die arbeitsteilige »Sachstruktur« (die sogenannte Betriebshierarchie) zu einer »Herrschaftsstruktur«, und die zunächst wertfreie »Funktionsteilung« zu einer mit niedrigem oder hohem Ansehen verbundenen »Sozial-« oder »Klassenschichtung«. Die vertikale und horizontale Teilung von Funktionen in einer Organisation ist also nicht sozialneutral, sondern besitzt eine hohe soziale Bedeutung.

Moderne Organisationen sind zwar bemüht, die Personalorganisation weniger statisch-hierarchisch als mehr vom Ablauf der Problemlösungsprozesse her zu sehen. Bei der Verteilung von Kompetenzen und Aufgaben wird also immer weniger vom »klaren Befehlsweg« als von den sachlichen Bedingungen für eine befriedigende Lösung ausgegangen. Gerade eine solche »moderne« Form der Zusammenarbeit quer durch alle »Rangstufen« einer Organisation verursacht aber zwangsläufig auch Konflikte: Die heutigen umfangreichen und damit komplizierten Organisationsstrukturen machen einmal klare Kompetenz- und Sachabgrenzungen notwendig. Damit ist aber die Tendenz verbunden, daß sich in solchen Organisationen ein ziemlich starres Muster vorgeschriebener Verhaltensweisen und damit »Rollendefinitionen« für die Inhaber der verschiedenen Positionen und Aufgaben herausbildet. Gerade dieses starre Muster erschwert es nun den Positionsinhabern, in unkonventioneller und kreativer Weise Probleme zu lösen, die intensive Zusammenarbeit erfordern: Ein Großunternehmen muß also beispielsweise eine komplizierte Organisation haben, um seine Ziele erreichen zu können. Gerade dies schafft wieder Probleme der Koordination, welche die Zielerreichung mehr oder weniger erschweren.

Hier sind Planspiele hervorragend in der Lage, nicht nur das Bewußtsein für solche Probleme zu wecken, sondern in konkreten Entscheidungssituationen — in der Nachbildung der Realität — unmittelbar erfahrbar zu machen. Das Scheitern an einer Aufgabe wird oft nicht durch falsche Entscheidungen verursacht, sondern durch falsche Entscheidungsverläufe. Im Alltag werden solche Prozesse oft nicht unmittelbar sichtbar. Der Zeitraffer des Planspiels ist aber hervorragend geeignet, diese Vorgänge deutlich zu machen.

Manche Mißerfolge »demokratischer« Führungsformen sollten daher die Betroffenen nicht veranlassen, wieder zu den alten Methoden zurückzukehren, sondern sich zu überlegen, daß auch Demokratie geübt werden muß. Das gilt für einen Staat ebenso wie für ein Unternehmen oder einen Verein. Planspiele sollten daher nicht nur herangezogen werden, um den Spielern die sachlichen Auswirkungen ihrer Entscheidungen deutlich zu machen, sondern auch, um wirkungsvolle Kooperationsformen im Team zu erproben und einzuüben. Mit dem gleichzeitigen Zwang zum Wettbewerb und zur Kooperation werden den Spielteilnehmern aber nicht nur Einsichten in entscheidungsrelevante Gruppenprozesse vermittelt. Im Spiegel des eigenen und des »gegnerischen« Teams wird der Spielteilnehmer auch mit sich selbst und den Auswirkungen seines Verhaltensstils konfrontiert. In einem Bericht formulierte dies ein Teilnehmer so: »Es wurde solange diskutiert, bis man sich einig war. Man lernt dadurch, in welche Situationen man gerät, auch — und gerade — untereinander. Man sieht, da man ja gezwungen ist, eine Entscheidung zu fällen, was in einen Entscheidungsprozeß alles mit hineinspielt. Es wirken nicht nur die Argumente, die Sachkenntnis. Vor allem spielt die Persönlichkeit des einzelnen eine sehr starke Rolle. Wer kann sich durchsetzen, wer kann sich nicht durchsetzen. **Wir haben uns daher sehr gut kennengelernt.**«

Der Einsatz von Planspielen bietet daher eine Fülle von Möglichkeiten des Einübens von Entscheidungen, des Team-Trainings und der Verbesserung des Gruppenklimas:

● Die Zeitkompression im Planspiel bedeutet eine Erlebnis- bzw. Erfahrungskompression und damit die Simulation eines Entscheidungs- und Ergebnistrends in einer Dichte, der die komplexen Elemente von Entscheidungsprozessen in einem Maße bewußt macht, wie es im Streß des Alltags nie erreicht werden kann.

● Die simulierte Entscheidungssituation macht Zusammenhänge selbständig überschaubar und erfahrbar. Die Spielaufgabe gibt dabei den Beteiligten keine Entlastungs- oder Ausfluchtmöglichkeiten aus den von ihnen herbeigeführten Folgen ihrer Entscheidungen.

● Eine rein verbale Darstellung sozialer Phänomene bei Entscheidungsprozessen kann diese für die Betroffenen nicht erlebbar machen. Ein Simulationsspiel bietet dagegen durch das eigene Erleben einen weit besseren Reflexionsansatz als nur theoretische Erörterungen.

● Verbunden damit vollzieht sich wie in einem Zeitraffer der Prozeß der Organisation einer Zusammenarbeit im Team. Das durch die Eigenaktivität bedingte starke Engagement der Teilnehmer zusammen mit dem kompetitiven Charakter des Planspiels führt dabei zu einer intensiven Kooperation und Entwicklung von Teamgeist, mit dem Effekt der gegenseitigen Erziehung und der Selbstkorrektur durch den Gruppenprozeß und die Gruppenteilnehmer.

Oft wird die Ansicht vertreten, daß ein Planspiel nur sinnvoll sei, wenn es möglichst genau alle Momente der Realität wiedergäbe. Viele Planspiele werden daher heute mit Hilfe von Computern gespielt, die eine Vielzahl von sachlichen Daten und Zusammenhängen erfassen und in Sekundenschnelle angeben können, wie bestimmte Entscheidungen das in den Computer eingegebene »Modell der Realität« verändern. Dagegen sind aber die vielfältigen Anwendungsmöglichkeiten sogenannter »offener« Planspiele noch viel zu wenig bekannt. Grundlage eines solchen Planspiels ist nicht ein quantitativ (zahlenmäßig) formuliertes Umweltmodell, sondern ein qualitatives Konfliktmodell. Für diese Spiele benötigt man lediglich die genaue Darstellung der Konfliktsituation. Jedem Spieler wird eine einfache Spielanweisung zur Verfügung gestellt, die seine Position im Spiel und die damit verbundenen Ziele, Wertsetzungen, Kenntnisse und Informationen über die Ausgangslage (Umweltbedingungen) festlegt. Formulierungen und Ausgestaltungen wirklichkeitsnaher Konfliktsituationen können ohne großen Arbeitsaufwand erstellt werden. Als Beispiele seien hier genannt: **Tarifverhandlungen mit Gewerkschaften — Bau eines Schwimmbades für eine Gemeinde — Konflikt zwischen Lehrern und Eltern einer Schule in einer Disziplinarfrage.** »Offene« Planspiele bieten sogar einen wesentlichen Vorteil gegenüber den geschlossenen Modellen: die Möglichkeit, nicht nur Wirklichkeit, sondern auch Zukunft zu simulieren. Sie bieten z. B. die Möglichkeit, neue Organisationsmodelle gefahrlos zu simulieren und deren mögliche Auswirkungen zu überprüfen, bevor sie in der Realität unkorrigierbar geworden sind. Auch die positiven Motivationswirkungen, die durch das vorherige Durchspielen der Veränderungen durch die Betroffenen entsteht, sind für die spätere Durchsetzbarkeit und Effizienz neuer Maßnahmen nicht zu unterschätzen. Planspiele können also ein Mittel sein, die Zuverlässigkeit von Planungen erheblich zu steigern und ihre Auswirkungen im Modell zu überprüfen — besonders dann, wenn eingehende Problemanalysen entweder zu langwierig oder zu kostspielig sind.

Ein »Durchspielen« eines Problems mit verteilten Rollen ist sogar manchmal die einzige Möglichkeit, eine schwer abschätzbare Situation in den Griff zu bekommen. Als positiver Nebeneffekt dürfte dabei auch das gesteigerte Verständnis für die Situation des »Gegners« zu werten sein: durch den Zwang nämlich, im Spiel dessen Rolle übernehmen zu müssen. Als Anregung sei hier nur einmal vorgeschlagen, daß die Ressortleiter eines Unternehmens die Aufgaben ihrer Kollegen der anderen Sparte übernehmen müssen, daß sich also zum Beispiel der Verkaufsleiter in einem Planspiel um die Finanzen kümmern muß.

Wichtige Entscheidungen sind meist nicht nur in ihren Auswirkungen schwer abzuschätzen, sondern vor allen Dingen kurzfristig nicht mehr zu korrigieren, so daß man die Relevanz dieser Entscheidungen nicht erst an der Realität prüfen sollte, wenn es meist zu spät für entscheidende Änderungen ist und Konflikte sich festgefahren haben. Der Gewinn liegt in oft überraschenden Einsichten der an einem solchen Spiel Beteiligten: Ein sozialpolitisch engagierter Verein spielte beispielsweise einmal den Bau einer Gastarbeitersiedlung durch. Beteiligte Gruppen waren das Architekten-Team, Stadtplaner, Bürger, Sozialpolitiker und die Gruppe der Gastarbeiter. Alle Beteiligten redeten sich während des Spiels die Köpfe heiß, bis man endlich zu einer Entscheidung über die geplante Siedlung kam und schließlich beschämt feststellen mußte, daß man während der ganzen Planungsperiode versäumt hatte, die Gastarbeiter selbst zu ihren Vorstellungen über die geplante Siedlung zu befragen. Damit sollte endgültig klargeworden sein, wie wirklichkeitsnah ein solches Planspiel sein kann.

Literatur:
C. Abt (1971)
M. Birkenbihl (1973), S. 119 ff.
W. Rohn (1964)

Operation Vorstadt

Überzeugen Sie sich, daß Planspiele tatsächlich „gespielte Wirklichkeit" sind!

»Operation Vorstadt« ist ein aufregendes Planspiel, das sich auch gut als Gesellschaftsspiel eignet. Sie können das Spiel beliebig abwandeln und neue Regeln hinzufügen. Nur das Grundproblem dieses Spiels sollte erhalten bleiben: Die beteiligten vier Parteien können in diesem Spiel zwar kooperieren und Absprachen treffen, aber nur zwei Parteien können gewinnen, d. h. die gestellte Aufgabe lösen.

Für die Durchführung des Spiels benötigen Sie einen großen Raum oder mehrere Räume, damit die einzelnen Teams räumlich isoliert voneinander ihre Entscheidungen treffen können. Es gibt nur zwei Regeln in diesem Spiel:

1. Jedes Team muß alle Planungen und Entscheidungen in einem chronologisch geführten »Geschäftstagebuch« festhalten.

2. Alle getätigten Grundstückskäufe, -verkäufe oder -tauschaktionen müssen an das »Grundbuchamt« (den Spielleiter) gemeldet werden.

Diese Unterlagen sind gute Hilfsmittel für die anschließende Auswertung des Planspiels.

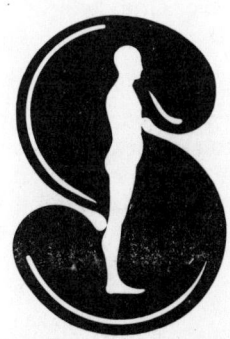

(Das Spiel wurde dem Buch von Michael Birkenbihl: Kleines Arbeitshandbuch für Ausbilder und Dozenten, entnommen.)

197

Team A

A1	A2	A3	A4
B1	B2	B3	B4
C1	C2	C3	C4
D1	D2	D3	D4

Team B

A1	A2	A3	A4
B1	B2	B3	B4
C1	C2	C3	C4
D1	D2	D3	D4

Anweisungen für Team A

Sie gehören zum Management der Firma Police-Bau AG. Der Police-Bau AG gehören in dem unten aufgezeichneten Vorstadt-Bezirk die Grundstücke A_1, C_4, D_1 und D_2.

Ihre Firma möchte gern irgendwelche vier zusammenhängende Grundstücke erwerben, um darauf eine Wohnsiedlung zu errichten. Die Lage des Grundstückes ist Ihnen nicht so wichtig, es soll aber die Form eines Rechtecks haben.

Ihre Firma hat keine flüssigen Mittel zur Verfügung, um damit irgendwelche Grundstückskäufe zu tätigen. Das vorhandene Kapi-tal müssen Sie für den Bau der neu zu errichtenden Wohnsiedlung verwenden. Sie hoffen aber, durch den Verkauf eines Ihnen gehörenden Grundstücks das nötige Geld beschaffen zu können.

Die einzelnen Grundstücke haben im Augenblick noch einen Wert von ca. DM 100 000,–.

Anweisungen für Team B

Sie gehören zum Management der Fa. Turbinen-Union. Ihrer Firma gehören die Grundstücke A_3, B_1, C_1 und C_2 in dem unten aufgezeichneten Vorstadt- Gebiet. Ihre Fabrikationsstätte befindet sich auf dem Grundstück A_3. Infolge der anhaltend guten Absatzlage müssen Sie Ihr Werk

Team C

A1	A2	A3	A4
B1	B2	B3	B4
C1	C2	C3	C4
D1	D2	D3	D4

Team D

A1	A2	A3	A4
B1	B2	B3	B4
C1	C2	C3	C4
D1	D2	D3	D4

erweitern. Sie wollen daher drei weitere Parzellen erwerben, die an Ihr Grundstück angrenzen, und Ihren Betrieb an ein Industriegeleise anschließen.

Ihre Finanzlage ist folgendermaßen: Sie haben zur Zeit für Grundstückstransaktionen DM 140 000,— an flüssigen Mitteln zur Verfügung, möchten diesen Betrag jedoch lieber für den Ausbau Ihrer Fabrik verwenden.

Der Preis eines Grundstücks im ausgezeichneten Vorstadtgebiet liegt zur Zeit bei DM 100 000,—.

Anweisung für Team C

Sie gehören zum Management der Fa. Sparkauf-Großmarkt. Ihrer Firma gehören die Grundstücke B_2, C_3, D_3 und A_4 im unten aufgezeichneten Vorstadt-Gebiet.

Ihre Firma plant, in der Vorstadt ein modernes Einkaufs-Zentrum zu errichten. Das Einkaufs-Zentrum soll in der Mitte einer viereckigen Fläche stehen, um auf allen Seiten des Gebäudekomplexes geräumige Parkplätze für Ihre Kunden einrichten zu können. Sie möchten daher gerne die Grundstücke B_2, B_3, C_2 und C_3 in Ihren Besitz bringen.

Durch Ihre guten Beziehungen zum Planungsamt der Stadt wissen Sie, daß in naher Zukunft durch das Vorstadtgebiet eine neue Schnellstraße gebaut werden soll. Der genaue Verlauf der

Straße ist aber noch nicht bekannt.

Ihre flüssigen Mittel betragen zur Zeit DM 100 000,—.

Die Grundstücke in dem aufgezeichneten Gebiet haben zur Zeit einen Wert von DM 100 000,—.

Anweisungen für Team D

Sie gehören zum Management der Fa. Immobilien-Schmidt. Ihre Firma hat vor einiger Zeit aus Spekulationsgründen einige Grundstücke im unten aufgezeichneten Vorstadt-Gebiet erworben. Ihnen gehören die Grundstücke B_3, B_4, D_4 und A_2. Es ist sicher, daß die Bodenpreise in diesem Gebiet durch die zunehmende Ausdehnung und Industrialisierung der Stadt in nächster Zukunft erheblich steigen werden.

In naher Zukunft soll durch das Vorstadt-Gebiet eine neue Schnellstraße gebaut werden.

Dies hat sich bis jetzt noch nicht herumgesprochen. Sie möchten möglichst schnell die Grundstücke A_4, B_4, C_4 und D_4 besitzen, weil Sie den Streifen in der Mitte dieser Grundstücke als Trasse für die neue Schnellstraße an die Stadt verkaufen wollen. Durch die neue Straße würden die rechts und links verbleibenden Grundstücksstreifen erheblich im Wert steigen.

Sie müssen möglichst schnell handeln, bevor sich die Nachricht von der geplanten Straße herumspricht und die Grundstücke zu dem jetzigen, relativ günstigen Preis nicht mehr zu bekommen sind.

Ihnen ist zu Ohren gekommen, daß die Fa. Turbinen-Union ebenfalls in dieser Gegend Grundstücke erwerben will, um ihre Fabrikanlagen zu erweitern.

Die einzelnen Grundstücke werden zur Zeit mit etwa DM 100 000,— gehandelt. Für Landkäufe stehen Ihnen im Augenblick DM 200 000,— zur Verfügung.

Nur zwei
Parteien können
in diesem
Spiel ihr Ziel
erreichen!
Wer kann
am geschicktesten
verhandeln?

Test: Wie wertet man ein Planspiel aus?

Nicht nur das Ergebnis, auch der Entscheidungsprozeß muß analysiert werden!

Die vielfältigen Effekte eines Planspiels können nur dann optimal ausgenutzt werden, wenn sich die Spiel-Teams im Anschluß an eine Spielphase nicht nur zusammensetzen, um über die sachlichen Ursachen und Ergebnisse ihrer Entscheidungen zu beraten. Auch der Verlauf des Entscheidungsprozesses selbst und vor allem die Rolle, welche die einzelnen Team-Mitglieder hierbei gespielt haben, sollten einer eingehenden Analyse unterzogen werden. Auch wenn sich die Rollenverteilung in der Gruppe unbewußt vollzogen hat, stellt sich hinterher heraus, daß im Verlauf der Zusammenarbeit nicht nur ganz bestimmte sachliche Aufgabenverteilungen vollzogen wurden. In der Interaktion zwischen den Spielern spielen auch psychologische und soziale Faktoren mit, die sich z. B. in Form von Statusproblemen, Führungsan-sprüchen, Kompetenzkonflikten usw. störend äußern können. Hier ist ein gehöriges Maß kritischer, vor allem selbstkritischer Offenheit unter den Teilnehmern erforderlich, um diese Probleme, die eventuell eine optimale Entscheidung verhindert haben, besprechen zu können. Zunächst sollte man sich natürlich auch ein paar sachliche Schlüsselfragen stellen:

● Was für Entscheidungen wurden getroffen?
Welche unmittelbar sichtbaren Auswirkungen hatten diese Entscheidungen?
● Welchen sachlichen Beschränkungen fühlten sich die Spieler unterworfen?
Was beeinflußte die getroffenen Entscheidungen?
● Was haben die Spieler gelernt? Was haben sie Ihrer Meinung nach falsch gemacht?
Welchen Weg würden Sie even-

tuell beim nächsten Mal einschlagen?
● Wie sehr näherte sich die Spielsituation der Realität? Welche Unklarheiten traten im Spiel auf?

Statusprobleme,
Führungsansprüche und
Kompetenzkonflikte
sind störende
Faktoren im
Entscheidungsprozeß.

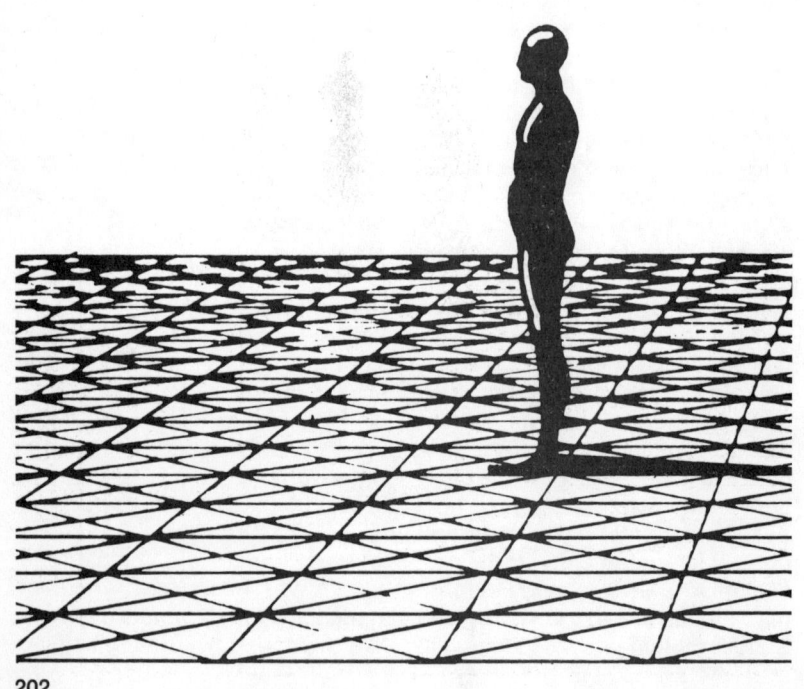

Analysieren
Sie die Rollen
der einzelnen Spieler im
Entscheidungsprozeß!

Fast noch wichtiger als diese Fragen ist jedoch für das Team die Analyse des Interaktionsprozesses zwischen den Spielern:

● Welchen persönlichen Einschränkungen und Behinderungen fühlten sich die einzelnen Teilnehmer durch ihre Mitspieler unterworfen? Welche persönlichen Reaktionen haben die Spieler im Rahmen des Spiels gegeneinander gezeigt?

● Verlief die Zusammenarbeit in den Bereichen Zielbezogenheit, Führung, Entscheidungsfreude, gegenseitige Information, Bereitwilligkeit zur Zusammenarbeit usw. befriedigend?

Nicht nur
bei Planspielen,
auch in
der Realität
sollten Sie sich die
auf dieser Seite
aufgezeichneten Fragen
stellen!

● Gab es persönliche Aggressionen oder unsachliche Kritik zwischen einzelnen Spielern? Wenn ja, warum?

● Gab die Gruppe jedem Teilnehmer genügend Gelegenheit, seine Erfahrungen und Informationen in den Entscheidungsprozeß einzubringen? Herrschte untereinander das notwendige Maß an Offenheit, Vertrauen und Hilfsbereitschaft?

Mit diesen Fragen kommt man schon in den Bereich der persönlichen Beurteilung jedes einzelnen Team-Mitglieds. Folgende Fragen sind hier möglich:

● Wie oft wurde zu einem Problem die Meinung der Mitspieler eingeholt? Wie oft wurde auf deren Anregungen und Einwände sachlich eingegangen?

● Wurde Kritik an den Mitspielern sachlich vorgetragen? War die Argumentation überwiegend sachbezogen?

● Wurde das Bedürfnis der übrigen Spieler nach Initiative und Anerkennung ihres Beitrages respektiert? Wie gut ist die Fähigkeit des Zuhörens ausgebildet?

● Wurde versucht, eigene Fehler auf andere abzuwälzen? Wurde versucht, egoistisch die eigenen Interessen durchzusetzen? Wie oft wurde der Gruppenbezug — z. B. durch die Formel »Wir sollten . . .« — hergestellt?

Diese Fragen dürften genug »Zündstoff« für eine fruchtbare Diskussion enthalten und dazu beitragen, die Erkenntnisse aus der »gespielten Wirklichkeit« auf die täglich gelebte Realität zu übertragen.

Spielregeln

„Daß der Mensch willens
und fähig wird,
sich in seine Rolle zu fügen,
dafür sorgt der Prozeß
der Sozialisation,
in dem wir lernen,
zu wollen,
was wir sollen,
und es schließlich tun,
ohne es zu merken..."
(H. Popitz)

Es wurde schon darüber gesprochen, daß sich in einer Gruppe ein Normensystem entwickelt, welches das Verhalten der Gruppenmitglieder unbewußt steuert. Daneben gibt es aber noch ein anderes System, welches mindestens ebenso wirksam ist. Vielleicht haben Sie diese Erfahrung schon in unserem Planspiel »Operation Vorstadt« gemacht: Kaum ist Herr Müller, der bisher fast gar nicht aufgefallen war, vom Spielteam zum »Finanzchef« ernannt worden, ändert sich sein Verhalten schlagartig. Er mahnt vor Liquiditätsschwierigkeiten, versucht, dem »Firmenchef« hineinzureden, mit einem Wort, er ist wie umgewandelt.

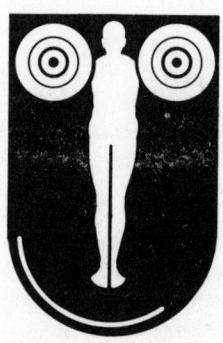

Wer glaubt, ein Rollenspiel finde nur auf der Bühne statt, der irrt gründlich. Fast in jeder Situation unseres Alltags handeln wir nach gewissen Spielregeln. Wir brauchen darüber nicht viel nachzudenken, die Gesellschaft hat sich schon um die Festlegung der Vorschriften gekümmert. Für den Pfarrer, den Bankbeamten am Schalter, den Lehrer — für alle stehen gewisse Verhaltensweisen bereit, und man erwartet, daß sie »nicht aus der Rolle fallen«. Wir vergessen leicht, wie weitgehend die Verhaltensweisen in unserem täglichen Umgang festgelegt sind, und daß wir die an uns gestellten Erwartungen zwanglos befolgen. K. Hinst nennt das Beispiel vom Standesbeamten: Eben noch ungezwungen und ausgelassen in seiner Rolle als »Freizeitgestalter«, verwandelt er sich im Amt in einen ernsten und würdevollen Beamten, gerade so, wie ein Standesbeamter unserer Meinung nach sein soll. Ein Rollentausch würde geradezu lächerlich wirken: Weder paßt Würde ins Schwimmbad noch wird Ungezwungenheit auf dem Standesamt erwartet.

Wir lieben die unterschiedlichen Rollen, die wir täglich spielen müssen, nicht alle im gleichen Maße. Das zeigt sich z. B. in dem Chef, der sich vor Entscheidungen drückt, weil er unbewußt seine Rolle ablehnt. Welche Rollen übernehmen wir gern in Gruppen, welche lehnen wir unbewußt ab? Welche Erwartungen an uns selbst beeinflussen also unser Verhalten in Gruppen? Daß wir uns überhaupt verpflichtet fühlen, gesellschaftlichen Rollenerwartungen (sowohl bevorzugten als auch abzulehnenden) zu entsprechen — das wird entscheidend durch unseren Sozialisationsprozeß bestimmt.

Schon der Säugling macht die für ihn wichtigste Erfahrung seiner absoluten Abhängigkeit von der Mutter. Da er seine Bedürfnisse befriedigen muß, lernt er als eine der ersten Reaktionen seines Lebens, sich anzupassen. Auch später lernt das Kind und dann der Erwachsene, daß man sich vielfältigen Forderungen »unterwerfen« muß, wenn man nicht »ausgestoßen« werden will. Zwang zur Anpassung und Angst des Ausgestoßenwerdens, das sind zwei Ur-Empfindungen, die den Menschen bis an sein Lebensende stark, wenn auch unbewußt, beherrschen.

Damit aber der Zwang zur Anpassung nicht als solcher empfunden wird, gibt es den Mechanismus der »Identifikation«: Ich identifiziere mich mit den Forderungen der Gesellschaft, und durch die »freiwillige« Übernahme von Ge- und Verboten aller Art einschließlich sozialer Normen und Rollenvorschriften baue ich gleichzeitig meine eigene **Identität** auf.

Ich entwickle also meine Persönlichkeit in einem dauernden Prozeß verschiedener Identifikatio-

nen. Träger dieser Identifikationen sind meine Beziehungen zu anderen Menschen. Je nachdem, ob diese Beziehung positiv oder negativ verlaufen ist, sieht auch das Muster meiner eigenen Normen und Rollenvorschriften an mich selbst aus. Die Summe solch positiver oder negativer Objektbeziehungen eines Menschen nennt man seine psycho-soziale Vorstruktur. Um das Verhalten eines Menschen besser zu verstehen, kann man in einem »Beziehungsraster« die Art seiner Objektbeziehungen darstellen.

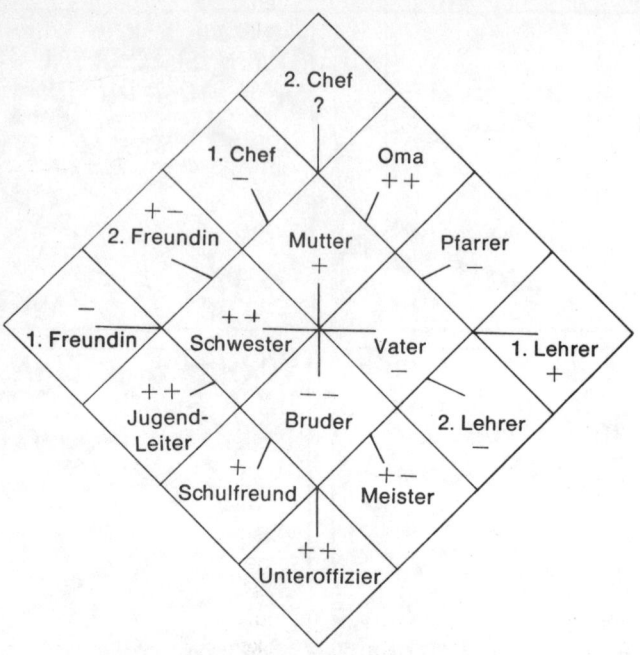

2. Chef
?

1. Chef
−

Oma
++

+ −
2. Freundin

Mutter
+

Pfarrer
−

−
1. Freundin

+ +
Schwester

Vater
−

1. Lehrer
+

+ +
Jugend-Leiter

− −
Bruder

2. Lehrer
−

+
Schulfreund

+ −
Meister

+ +
Unteroffizier

Versuchen auch, Sie einmal,
ein solches Raster für sich selbst zu zeichnen.

Literatur:
M. Birkenbihl (1973), S. 40 ff.
K. Hinst (1970), S. 42 ff.
A. Oldendorff (1965), S. 70 ff.

„Ich habe
meine Vorurteile –
verwirren
Sie mich nicht durch
Tatsachen!"

Dieser nette Satz kennzeichnet wohl treffend die Probleme, wenn in Lern- oder Arbeitsgruppen etwas Neues durchgesetzt werden soll. Wenn wir anderen etwas beibringen wollen, begegnen wir meist »gesundem Mißtrauen«. Viele sind so überzeugt von der Qualität ihrer Erfahrungen, daß sie glauben, auch ohne neue Erkenntnisse auskommen zu können. Wie der glückliche Tausendfüßler glauben diese Menschen, unbeirrt ihren Weg gehen zu können, ohne darüber nachdenken zu müssen, welchen Fuß sie als nächsten gebrauchen sollen. Es ist oft schwierig ihnen klar zu machen, daß ein Tausendfüßler ohne Erkenntnisse vielleicht vollkommen glücklich sein kann — aber dieser beschränkt sich darauf, sein Leben lang unter Steinen herumzukrabbeln.

Leider ist die Vorstellung noch allzu verbreitet, daß man etwa durch einen dreistündigen Vortrag tiefgründige Einsichten bei Teilnehmern einer Lern- oder Arbeitsgruppe vermitteln kann, die beispielsweise aus autoritären Eltern Musterbeispiele für nicht-autoritäre Erziehungsmethoden machen. Selbst wenn es gelingt, gewisse Überzeugungen zu ändern, bedeuten Einsichten noch lange nicht verbessertes Verhalten, das wird jedem schmerzlich klar, der einmal den Versuch gemacht hat, das Rauchen aufzugeben.
Diese moderne Definition des Lernens muß man nicht unbedingt auswendig wissen. Wesentlich ist dabei nur die Erkenntnis: Lernen bedeutet in jedem Fall Verhaltensänderung. Grundsätzlich muß daher eine moderne

Lernmethode alle drei Bereiche des menschlichen Verhaltens beeinflussen: Wissen — Wollen — Können. Und Wollen und Können läßt sich eben nicht nur durch sanfte Überredung beeinflussen. »Das haben wir bisher immer so gemacht!« — »In der Praxis ist alles ganz anders!« Diese und ähnliche typischen Einwände bilden das mehr oder minder lautstarke Begleitkonzert fast jeder Veranstaltung, in der neue Erkenntnisse vermittelt werden sollen. Und wohl jeden Ehemann erinnern solche Argumente fatal an seine oft fruchtlosen Bemühungen seiner verehrten Gefährtin, die doch so offensichtlichen Vorteile einer neuen Küchenmaschine zu erläutern — Vorteile, die bei etwas rationaler Überlegung sofort einsichtig sein müßten. Und dennoch verschwindet der neue Mixer bald in der Schublade und der Handquirl behauptet seine traditionelle Stellung beim Kuchenumrühren. Lernen, das Aneignen neuer Einsichten und Verhaltensweisen, ist eben nicht nur ein rationaler Vorgang, sondern berührt immer auch emotionale Schichten des Lernenden.

Daß der Mensch ein Gewohnheitstier ist, ist nicht nur bedauerlich, sondern auch eine Tatsache, die für den Menschen (über)lebensnotwendig ist. Wenn Egon Meier um 8 Uhr 15 mit dem üblichen »Guten Morgen« sein Büro betritt, dann kann er von seinen Kollegen fast mit Sicherheit erwarten, daß diese ihn auch mit diesem Gruß und nicht etwa zähnefletschend mit dem Messer in der Hand empfangen werden. Dieses Beispiel erscheint zunächst etwas bizarr, macht aber doch deutlich, daß wir unbewußt nach der (meist richtigen) Annahme handeln, daß unsere Umwelt und unsere Mitmenschen sich vorwiegend in vorhersagbaren Mustern verhalten: unser Unterbewußtsein hat das Bild einer »heilen Welt« und nicht das Bild des Chaos gespeichert. Das heißt aber auch, daß durch jede neue Lernerfahrung dieses in uns vorhandene Bild oder Raster unserer Umwelt geändert wird. Die

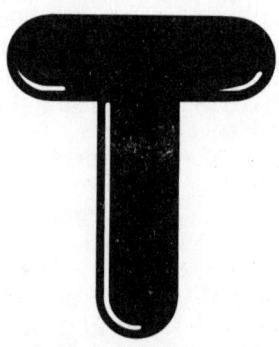

Unser Unterbewußtsein macht immer den Versuch, neue Erfahrungen zunächst einfach zu verdrängen!

neue Erfahrung ordnet sich im alten Erfahrungsraster ein, verändert dieses dabei aber gleichzeitig.

»Unser Charakter ist die Summe unserer Erfahrungen.« Macht man sich die Bedeutung dieses Satzes klar, so wird verständlich, warum die Tiefenpsychologen sagen, daß jede neue Lernerfahrung in uns eine sogenannte »Identitätskrise« erzeugt: mit unserem Erfahrungsraster verändert sich gleichzeitig unser Persönlichkeitsraster. Und da ein relativ stabiles Raster eben lebensnotwendig ist, macht unser Unterbewußtsein zunächst den (oft erfolgreichen) Versuch, neue Erfahrungen einfach zu verdrängen: »Ich habe meine Vorurteile...« — Siehe oben!

Bei jedem Lernvorgang werden eben auch affektive Abwehrreaktionen ausgelöst — deshalb muß man die Wirksamkeit konservativer Schulungsmethoden, die sich meist mit dem »Gesagten« in Form eines Vortrags begnügen, erheblich anzweifeln. Experimente haben bewiesen: Nur etwa 10 Prozent des nur Gehörten wird langfristig behalten, bei noch weniger davon besteht Hoffnung, daß dieses aufgenommene neue Wissen auch zu neuem Verhalten führt!

Das Problem der affektiven, unbewußten Lernwiderstände macht es notwendig, einen anderen Bereich des Lernens ins Auge zu fassen, der bisher ebenfalls zu wenig beachtet wurde: die Motivation des Lernenden, also sein »Wollen«. Wir haben gesehen, wie stark der unbewußte Zwang ist, der den Menschen zunächst daran hindert, sich mit neuen und ungewohnten Dingen auseinanderzusetzen. Eine moderne Schulungsmethode muß daher einen entsprechenden »Gegendruck« erzeugen, um in die Festung »Das haben wir bisher immer so gemacht« eindringen zu können.

Die moderne Verhaltensforschung hat inzwischen das soziale Phänomen des Gruppendrucks als wirksames Motivationsinstrument bei Lernprozessen eingehend untersucht. Der moderne Lehrer oder Ausbilder, der weiß, daß ein erhobener Zeigefinger höchstens für 10 Minuten eine noch so willige Zuhörerschaft fesseln kann, hält sich also folgerichtig auch nur höchstens 10 Minuten mit einem Vortrag auf. Danach beginnt er konsequent mit der Methode der Gruppenarbeit: Die Arbeitsgruppen (ideale Größe vier bis fünf Teilnehmer) bearbeiten ein konkretes Problem aus ihrer Praxis (die Fallstudie) und müssen gemeinsam Lösungsvorschläge finden.

Die Bearbeitung in Gruppen hat dabei folgende Vorteile: Einmal sorgen gruppendynamische Prozesse zwangsläufig dafür, daß die Selbstzufriedenen, die glauben, schon alles zu wissen, wirksam eine Entzerrung ihres Eigenbildes durch die anderen Gruppenmitglieder erfahren. Nur durch Gruppenarbeit wird es auch möglich, daß sich jeder sofort und vor allem aktiv mit neuen Erkenntnissen auseinandersetzen kann. Eine selbsterarbeitete Einsicht wirkt nicht nur stärker motivierend, sondern wird auch wesentlich besser behalten als alle »goldenen Worte« eines Vortrags.

Vorteile der Gruppenarbeit

Gesteigerte Aufnahmebereitschaft für neue Informationen durch »Gruppendruck«.

Bessere Motivation durch aktives Erarbeiten des Lerninhalts.

Identifikation mit selbsterarbeiteten Lerninhalten.

Erlernen kooperativer Arbeitsformen in der Gruppe.

Bessere Kontrolle des Gelernten (»Keiner weiß soviel wie alle!«).

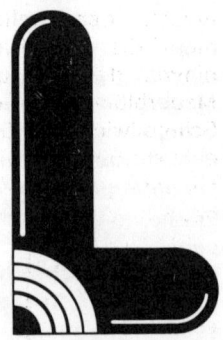

Literatur:
T. Brocher (1969), S. 75 ff.
H. Rosenkranz, Kh. A. Geißler (1972)

Turmbau

Es ist wichtig,
daß eine Arbeitsgruppe
die typischen
Verhaltensweisen
ihrer Gruppenmitglieder
kennenlernt.

In einer Lern- oder Arbeitsgruppe verhalten sich nicht alle Gruppenmitglieder gleich in ihrer Art, wie sie Probleme angehen und lösen. Es gibt den dynamischen Typ, der am liebsten alles allein machen möchte, den intellektuellen, der mehr die Beraterfunktion übernimmt, den Mitläufer und das Mauerblümchen, das sich in den Schmollwinkel zurückzieht, wenn es nicht beachtet wird. Diese Verhaltensweisen beeinflussen erheblich die Art, wie in einer Gruppe Arbeitsaufgaben gelöst werden. Deshalb ist es wichtig, daß eine Gruppe die typischen Verhaltensweisen ihrer Gruppenmitglieder kennenlernt. Wenn die Gruppe eine wichtige Aufgabe lösen muß, ist aber meist der damit verbundene Streß so groß, daß sie keine Zeit hat, sich neben dem Was noch darüber Gedanken zu machen, wie sie zusammenarbeitet. Spielen Sie daher mit Ihrer Gruppe das Turmbau-Spiel. Bei dieser Spielaufgabe werden Sie sich genauso wie bei einer Arbeitsaufgabe im Ernstfall verhalten. Anschließend sagen wir Ihnen, wie Sie das Spiel am besten auswerten können.

Spielanweisung:

Es werden zwei Arbeitsteams gebildet. Jedes Team erhält die Aufgabe, einen Turm mit dem folgenden zur Verfügung gestellten Material zu bauen:

3 Bogen Kartonpapier DIN A 3,
4 Bogen Papier für Entwürfe,
1 Tube Klebstoff,
1 Schere,
1 Lineal,
1 Bleistift,
1 Radiergummi.

Der Turm darf ausschließlich aus dem Material bestehen, das der Gruppe zur Verfügung gestellt wurde. Der Turm muß auf seinen eigenen Fundamenten stehen können. Er darf also weder auf eine Unterlage aufgeklebt, aufgehängt, gegen die Wand oder gegen einen anderen Gegenstand gelehnt werden.

Es dürfen nur Kartonstreifen verwendet werden, die nicht länger und breiter als das zur Verfügung gestellte Lineal sind. Der Turm muß so standfest gebaut werden, daß er das Lineal tragen kann, ohne daß er umfällt.

Die beiden Teams stehen im Wettbewerb miteinander. Jedes Team wählt aus seiner Mitte einen Beobachter, der den Arbeitsprozeß beobachtet und sich nicht an der Arbeit beteiligen darf. Die beiden Beobachter bilden anschließend eine Jury, die die Türme nach den Kriterien

      1. Höhe,
    2. Standfestigkeit und
      3. Schönheit

beurteilt. Die Jury darf frei entscheiden, welchen Kriterien sie bei der Beurteilung der Türme den Vorrang geben wird, sie darf diese aber nicht den Teams mitteilen.

Die beiden Teams haben genau eine Stunde Zeit zum Bauen der Türme. Sieger ist die Gruppe, deren Turm die beste Bewertung von der Jury erhält.

Die Gruppen sollen während des Turmbaus möglichst in verschiedenen Räumen arbeiten.

Anschließend diskutieren beide Gruppen zunächst getrennt, dann gemeinsam darüber, wie der Arbeitsprozeß in der Gruppe abgelaufen ist, und welche Rolle die einzelnen Gruppenmitglieder dabei gespielt haben. Die Beobachter ergänzen dabei den Bericht der Gruppen.

Als Grundlage für die Diskussion können auch die folgenden Instrumente für die Gruppenprozeß-Analyse benutzt werden.

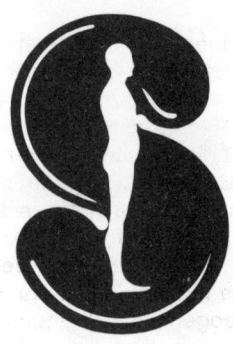

Gruppenprozeß-Analysen

Wir können den Gruppenprozeß nach zwei Gesichtspunkten untersuchen: Wir können einmal das Verhalten jedes einzelnen Gruppenmitgliedes analysieren, zum anderen aber auch die Gruppe als Ganzes betrachten. In diesem Abschnitt sollen beide Möglichkeiten beschrieben werden. Sie können mit den hier dargestellten Fragebogen und Übungen beobachten, wie sich das Verhalten einer Gruppe und der Gruppenmitglieder im Verlauf des Zusammenseins verändert.

In jeder Arbeitsgruppe können wir immer wiederkehrende Rollen beobachten, also bestimmte Verhaltensformen, die die einzelnen Gruppenmitglieder mehr oder weniger ausgeprägt zeigen. Diese Rollen sind nicht unabhängig voneinander, sondern stehen in einer Wechselbeziehung. Eine bestimmte Grundform dieser Rollenbeziehungen kehrt in den meisten Gruppen wieder. Wir haben sie auf dieser Seite dargestellt.

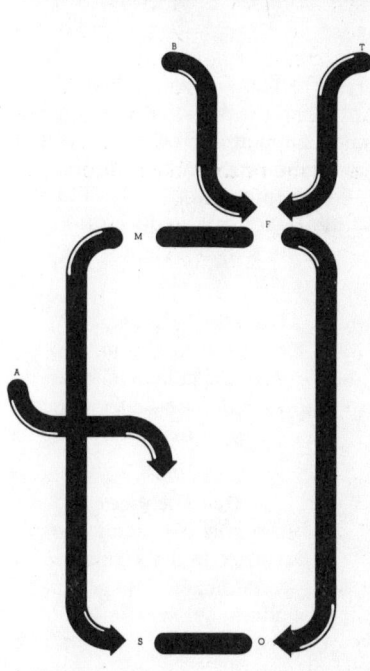

Die Buchstaben in dieser Zeichnung bedeuten:

In jeder
Arbeitsgruppe
können wir
immer wiederkehrende
Rollenmuster
beobachten!

F – Der Gruppenführer
Er hat die Funktion,
die Gruppenziele zu bestimmen
und die Gruppe zu koordinieren.
In Gruppen ohne offiziellen Führer
ist die Führerrolle jedoch oft in B
und T aufgeteilt.

B – Der Beliebte
Er hat die Funktion,
die Gruppe zusammenzuhalten.
Er verkörpert die menschliche Seite
der Gruppenbedürfnisse.

T – Der Tüchtige
Er verkörpert die sachlichen
Bedürfnisse in der Gruppe.
Er ist im wesentlichen nicht gruppen-,
sondern zielorientiert.

M – Der Mitläufer
Er orientiert sich hauptsächlich
am Gruppenführer.

O – Der Opponent
Er hat auch Führungsqualitäten.
Da er aber nicht Gruppenführer
geworden ist, geht er in die
Opposition. Er hat eine
besondere Beziehung zum
Gruppenführer, weil er diesem
unbewußt die Position streitig macht.

S – Der Sündenbock
Oft löst der Opponent Aggressionen
in der Gruppe aus.
Da er aber ein »starkes«
Gruppenmitglied ist,
richten sich schließlich
die Aggressionen gegen einen
Schwächeren, den »Sündenbock«.

A – Der Außenseiter
Er hat keinen bestimmten Platz
in der Gruppe. Er kann
aber bei entsprechender
intellektueller Qualität
oft eine Beratungsfunktion
übernehmen.

Diskutieren Sie darüber, wie in Ihrer Gruppe diese Rollen aufgeteilt worden sind.

Soziogramm

Manchmal wird die Frage nach dem Tüchtigen und dem Beliebten in einer Gruppe als zu abstrakt empfunden, um sie beantworten zu können. Dann hilft Ihnen die folgende nette Gruppenübung, um das Rollenverhalten der Gruppenmitglieder deutlich zu machen:
Lassen Sie jedes Gruppenmitglied überlegen, wen es in der Gruppe wählen würde

als Chef,
als Vertrauten
bei einem persönlichen Problem,
als Begleiter
bei einer schwierigen und
gefährlichen Expedition,

als Diskussionspartner
für eine neue Idee,
als Gefährten
auf einer einsamen Insel,
als Gegner
in einem sportlichen Wettkampf.

Einigen Sie sich darauf, wieviele Rollen jedes Gruppenmitglied an die anderen verteilen darf. Jedes Gruppenmitglied darf aber eine bestimmte Rolle nur einmal vergeben. Dabei müssen die Gründe für die Wahl angegeben werden. Sie können die Übung noch erweitern, indem Sie jedes Gruppenmitglied vorher raten lassen, von wem und in welcher Rolle es vermutlich gewählt werden wird.
Zeichnen Sie anschließend die Wahlen der Gruppenmitglieder in Form von Pfeilen auf. Sie erhalten dann ein Soziogramm der Gruppenbeziehungen.

Test: Fragen zum Rollenverhalten.

1. Welche beiden Mitglieder der Gruppe können die anderen am leichtesten beeinflussen, ihre Meinungen zu ändern?

2. Welche beiden können die anderen am wenigsten beeinflussen, ihre Meinungen zu ändern?

3. Welche beiden standen im Verlauf des Treffens am stärksten in Widerspruch zueinander?

4. Welche beiden werden von der Gruppe als Gesamtheit am meisten anerkannt?

5. Welche beiden sind am ehesten bereit, Mitglieder, die angegriffen werden, zu schützen und zu verteidigen?

6. Welche beiden versuchen sich möglichst viel ins Rampenlicht zu rücken?

7. Welche beiden neigen am ehesten dazu, ihre persönlichen Ziele über die Gruppenziele zu stellen?

8. Welche beiden neigen am ehesten dazu, die Gruppenziele über die persönlichen Ziele zu stellen?

9. Welche beiden waren am ehesten bereit, Themen zu erörtern, die sich nicht direkt auf die Aufgabe bezogen?

10. Welche beiden zeigten das größte Verlangen, etwas zustandezubringen?

11. Welche beiden wollten Konflikten in den Gruppendiskussionen aus dem Wege gehen?

12. Welche beiden neigen dazu, sich von der aktiven Diskussion zurückzuziehen, wenn starke Differenzen aufzutreten beginnen?

13. Welche beiden bemühten sich besonders,
aufkommende Streitigkeiten zwischen anderen
zu schlichten?

14. Welche beiden wünschten sich am meisten,
daß die Gruppenatmosphäre herzlich,
freundlich und angenehm sein solle?

15. Welche beiden waren die stärksten Rivalen
hinsichtlich Macht und Einfluß in der Gruppe?

16. Welche beiden haben sich am stärksten
bemüht, die Gruppendiskussion
in Gang zu halten?

17. Welche beiden würden Sie auswählen,
die mit Ihnen an einem Projekt arbeiten sollen?

18. Mit welchen beiden reden Sie
gewöhnlich am wenigsten?

Die Fragebogen auf den Seiten 218/219 und 220/221 haben nicht den Zweck, »gute« und »schlechte« Gruppenmitglieder herauszufinden, oder eine »gute« und »schlechte« Gruppe. Sie sollen einer Gruppe helfen, herauszufinden, wie sie miteinander umgeht und wie sich die Art des Miteinanderumgehens verändert. Die Ergebnisse aus den Fragebogen sind also nicht für den Gruppenleiter, sondern für die Gruppe selbst als Feedback gedacht. Wenn Sie diese Fragebogen benutzen, lassen Sie sie von der Gruppe selbst auswerten und die Gruppe über die Ergebnisse diskutieren.

Test: Fragen zum Lernklima

Führung	Einer oder mehrere versuchen, Entscheidungen gewaltsam durchzusetzen.
Die Diskussion springt von einem Punkt zum anderen.	Entscheidungen werden unter Beteiligung aller so formuliert, daß jeder zustimmen kann.
Die Unterhaltung ist freundlich und harmonisch, aber wenig sachbezogen.	**Informationen**
Der Gruppenleiter ist sehr damit beschäftigt, die Arbeit zu organisieren.	Hinter den Informationen, Ideen und Vorschlägen steht wenig Engagement.
Einige Gruppenmitglieder wechseln sich in der Führung ab und versuchen, Thema und Richtung der Diskussion zu bestimmen.	Die Unterhaltung ist freundlich, aber wenig sachbezogen.
Die Gruppe hat die Aufgaben untereinander verteilt. Jedes Gruppenmitglied kann zu entsprechender Zeit seinen Beitrag leisten.	Bei unterschiedlichen Meinungen und Ideen einigt man sich auf einen »vernünftigen« Standpunkt.
Entscheidungen	Bei der Diskussion versucht jeder, die eigenen Standpunkte festzuhalten und durchzusetzen.
Vorschläge werden nicht aufgegriffen oder überhört.	Ideen und Überzeugungen werden engagiert vertreten, aber man läßt sich auch von anderen überzeugen.
Man beschäftigt sich mit einem Vorschlag, wenn er von anderen Gruppenmitgliedern unterstützt wird.	**Atmosphäre**
Man einigt sich auf Kompromisse.	Das Gesprächsklima ist träge und desinteressiert.

Die Gruppenmitglieder sind nett und höflich zueinander.	
Das Gespräch interessiert und befriedigt die meisten.	
Die Diskussion ist heftig, die Beziehungen sind gespannt.	
Die Diskussion ist engagiert und lebhaft und fordert alle Gruppenmitglieder heraus, Spannungen werden angesprochen, es wird nach Lösungsmöglichkeiten gesucht.	
Kritik	
Die einzelnen Beiträge werden wenig oder gar nicht kritisiert.	
Fehler werden höflich übergangen.	
Vorschläge werden kritisiert, mit der Aufforderung, nach besseren Lösungsmöglichkeiten zu suchen.	
Man versucht, sich gegenseitig zu kritisieren und Fehler nachzuweisen, um die eigenen Ideen durchzusetzen.	
Ideen und Vorschläge werden kritisch überprüft und nach Möglichkeit verbessert.	

Zur Bewertung der Gruppenarbeit
werden die fünf Kategorien
Führung, Entscheidungen,
Informationen, Atmosphäre
und Kritik benutzt.
Für jede Frage können 1
(»trifft nicht zu«)
bis 5 (»trifft völlig zu«)
vergeben werden.

15. Wie leitet man Gruppen

Auch wenn
der Gruppenleiter
keinen Wert darauf legt
– er hebt sich
auf jeden Fall
durch seine Stellung
aus der Gruppe
hervor!

Die Art, wie eine Gruppe zusammenarbeitet, hängt nicht nur vom Verhalten der Gruppenmitglieder ab. Auch der Gruppenleiter ist dafür verantwortlich, ob in einer Gruppe eine vertrauensvolle, offene Atmosphäre herrscht, oder ob ein »Kampf aller gegen alle« das Bild der Gruppe bestimmt. Auch wenn ein Gruppenleiter nicht so viel Wert auf diese Position innerhalb der Gruppe legt, sondern mehr auf seine Funktion als Gruppenmitglied – er hebt sich auf jeden Fall durch seine Stellung aus der Gruppe hervor. Sein Verhalten ist also nicht das Verhalten irgendeines Gruppenmitglieds, sondern es hat Modellcharakter: Ist der Gruppenleiter aggressiv, werden auch die Gruppenmitglieder diese Tendenz haben. Spricht er offen über sich und seine Ziele, wird sein Vorbild auch andere dazu ermutigen. Wir wollen damit nicht sagen, daß der Leiter einen Zustand des Gruppenkonformismus anstreben soll, bei dem alle gleichbleibend freundlich und »nett« um den heißen Brei herumreden und versuchen, sich möglichst nicht weh zu tun. Ein gutes Gruppenklima erkennt man daran, daß die Gruppenmitglieder ihre realen, unterschiedlichen Ziele, Bedürfnisse und die daraus entstehenden Konflikte anerkennen und sich offen bemühen, eine Lösung zu finden. Wir können im wesentlichen zwei gegensätzliche Arten beobachten, mit der Gruppenleiter versuchen, ihre Führungsaufgabe zu meistern: die autokratisch-persuasive Technik und die demokratisch-partizipative Technik.

Der autokratisch-persuasive Gruppenleiter

Die Grundeinstellung dieses Gruppenleiters ist Mißtrauen und Furcht. Er hat wenig Zutrauen in die Fähigkeiten und Motive der Gruppenmitglieder. Deshalb versucht er durch Befehle, Überredung, offene oder geheime Beeinflussung die Gruppenmitglieder zu steuern und damit das Lern- oder Arbeitsziel einer Gruppe zu erreichen. Das Kommunikationsverhalten des persuasiven Leiters ist strategisch: Er behält sich vor, die letzten Entscheidungen zu treffen. Alle wichtigen Informationen in der Gruppe sollen möglichst über ihn laufen, damit er sie kontrollieren kann und jederzeit der »bestinformierteste Mann« der Gruppe ist. Um seine Entscheidungen durchzusetzen, wendet er entweder Schmeichelei oder Drohung an. Treten Komplikationen in der Gruppe auf, neigt er zur Geheimhaltung: Er versucht dann, Informationen vor der eigentlichen Arbeit der Gruppe zu sammeln und Entscheidungen ohne sie zu treffen.

Organisationsprobleme bewältigt er durch Kontrollen von oben. Die Organisation ist dazu da, die Gruppenmitglieder in Abhängigkeit zu halten. Er bevorzugt eine formale Hierarchie, klar abgegrenzte Autoritätsbereiche, Arbeitsvorschriften und Tagesordnungen. Stößt dieser Gruppenleiter auf Widerstand, dann werden seine Kontrollen einfach versteckter und subtiler.

Der demokratisch-partizipative Gruppenleiter

Oberstes Ziel des partizipativen Gruppenleiters ist die Entwicklung von gegenseitigem Vertrauen und Akzeptierung in den Beziehungen der Gruppenmitglieder untereinander. Er will dem einzelnen in der Gruppe ein hohes Maß an Freiheit gewähren, ihre Bedürfnisse selbst einzuschätzen und über ihre Ziele selbst zu entscheiden.

In der partizipativ geführten Gruppe werden alle an den Entscheidungsprozessen beteiligt. Jede Information oder Planung spielt sich innerhalb der Gruppe ab. Der Gruppenleiter besteht nicht auf Formalitäten oder strenger Befolgung von Vorschriften, sondern ermutigt zu spontanem Handeln. Er ist ein Vorbild in der Äußerung eigener Gefühle und Bedürfnisse und in der Akzeptierung der Gefühle und Bedürfnisse der anderen. Die Organisation der Gruppenarbeit ist so frei und ohne Vorschriften, wie es die Gruppengröße und das herrschende Vertrauensklima gestatten. Die Verteilung der Aufgaben und Verantwortungen unter den Mitgliedern wird nicht durch Formalitäten, Machtansprüche oder Manipulation geregelt, sondern nach den Fähigkeiten und Wünschen der Mitglieder und nach sachlichen Erfordernissen.

Welches Klima in einer Arbeitsgruppe vorherrschend ist, kann man daran erkennen, wie in der Gruppe die folgenden vier Fragen gelöst wurden:
1. Wie sehen die **Beziehungen** der Gruppenmitglieder untereinander aus?
2. Wie wird mit **Informationen** umgegangen?
3. Wie werden die **Ziele** der Gruppe bestimmt?

4. Wie wurde das Problem der **Organisation** und Kontrolle der Arbeit gelöst?

Wie der persuasive und der partizipative Gruppenleiter diese Fragen lösen, haben wir noch einmal in den beiden Tabellen zusammengefaßt.

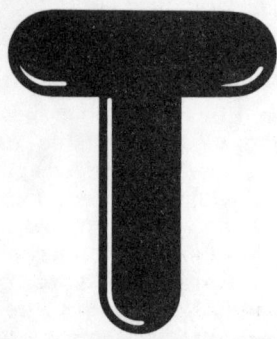

Entsprechend der angewendeten Technik reagiert auch die Gruppe. Wie die Gruppenmitglieder sich dann in den Fragen der Beziehungen, Informationen, Zielen und Organisation verhalten, sehen Sie in den beiden Tabellen.

Literatur:
T. Brocher (1971), S. 62 ff.
L. Bradford, J. Gibb, K. Benne (1972), S. 301 ff.

Die autokratisch-persuasive Technik

Beziehungen:
Furcht,
Mißtrauen,
Fassade.

Informationen:
Strategie,
Verzerrung,
Geheimhaltung.

Ziele:
Manipulation,
Überredung,
Drohung.

Organisation:
Formalitäten,
Kontrolle,
Hierarchie.

Die demokratisch-partizipative Technik

Beziehungen:
Offenheit,
Vertrauen,
Selbstvertrauen.

Informationen:
Spontaneität,
Weitergabe,
Klärung.

Ziele:
Selbstbestimmung,
Anerkennung,
Problemlösung.

Organisation:
Sachbezogenheit,
Aufgabenteilung,
Interdependenz.

Gruppenreaktionen auf persuasive Leiter

Beziehungen:
Mißtrauen im gegenseitigen Umgang,
Befürchtung persönlicher
Unzulänglichkeit,
Widerstand gegen Initiativen,
formelle Höflichkeit,
Schutzsuche in der Paarbildung,
Suche nach Anerkennung,
konformes und rituelles
Verhalten.

Informationen:
Austausch von strategischen
Informationen,
Anwendung von Kniffen und Tricks,
Geheimhaltung und Verzerrung
von Informationen,
Unterdrückung von Informationen,
Flüsterpropaganda,
Verstellung und Vorsicht.

Ziele:
Aktiver oder passiver
Widerstand,
geringes Engagement,
übersteigerter Ehrgeiz,
extrem hektisches oder extrem
apathisches Arbeiten,
Konkurrenz, Rivalität und
Eifersucht,
Rufe nach Autoritäten und Führern.

Organisation:
Besorgnis um Macht und
Einfluß in der Hierarchie,
Formalisierung von Strukturen
und Verfahrensfragen,
formelle Arbeitsvorschriften,
Verteilung der Arbeit
nach Machtgesichtspunkten,
Chaos oder rigider Zwang.

Gruppenreaktionen auf partizipative Leiter

Beziehungen:
Positive Gefühle für
Gruppenmitglieder,
Gefühl persönlicher Zulänglichkeit,
Akzeptieren der Motive anderer,
offener Ausdruck von Gefühlen
und Konflikten.

Informationen:
Offener Austausch von
Informationen,
Akzeptierung neuer Informationen,
hohes Ausmaß an gegenseitigem
Feedback,
die hinter den Zielen liegenden
Informationen und Bedürfnisse
werden mitgeteilt,
hohes Ausmaß an Informationen
mit emotionalem Gehalt,
Abbau eines fassadenhaften
Gesprächsverhaltens.

Ziele:
Lösung von Konflikten,
großes Engagement und Beteiligung,
gemeinsame Lösungsvorschläge,
Abbau von Konkurrenzverhalten.

Organisation:
Geringes Bedürfnis nach einer
Arbeitsstruktur,
die Arbeitsverteilung ist sach-
orientiert,
flexible Organisation der Arbeit,
gemeinsame Verteilung
der Aufgaben,
spontane und kreative
Aufgabenlösung,
geringes Interesse an Hierarchie-
oder Statusfragen.

Gespräche laufen
oft deshalb schief,
weil sich
die Beteiligten
der zwischen ihnen herrschenden
Spannungen meist nicht
bewußt sind!

Arbeitsbesprechungen im Team, Diskussionen in Lerngruppen oder Konferenzen, in denen alle scheinbar das gleiche Ziel verfolgen, nehmen oft nicht den erwünschten Verlauf. Will der Gruppenleiter aber nicht patriarchalisch, sondern kooperativ führen, muß er sich bemühen, ein offenes Gruppenklima zu schaffen, in dem die Beteiligten Informationen möglichst reibungslos austauschen können.

Gespräche laufen oft deshalb schief, weil sich die Beteiligten der zwischen ihnen herrschenden Spannungen meist gar nicht be-

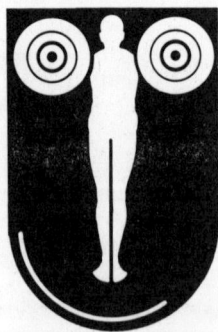

wußt sind. Von Kind an bekamen wir eingeredet, daß Spannungen unerwünscht sind (»Wir wollen uns doch nicht streiten!«). Weil Spannungen und Aggressionen also »verboten« sind, entwickelt unsere Psyche oft raffinierte Mechanismen, emotionale Probleme zu »rationalisieren«: »Bitte fassen Sie das nicht persönlich auf, aber...«, solche und ähnliche Redewendungen sind die Signale dafür.

Auch das zweite Gesprächshindernis ist tiefenpsychologischer Natur. Austausch von Informationen bedeutet meist Austausch von neuen Erfahrungen. Unsere Erfahrungen sind eine wesentliche Stütze unseres Selbst-Bildes, unserer Identität, wie wir gesehen haben. Die Reaktion auf neue Informationen ist daher zunächst instinktive Abwehr, eine berechtigte Abwehr, die verhindern soll, daß unser Selbst-Bild erschüttert wird. Unsere Waffen sind dann die bekannten »Killer-

Phrasen«: »Das haben wir doch noch nie so gemacht...« — »Wer hat denn diesen absurden Plan aufgebracht?...« — »Das ist schon immer so gewesen!...«

Drei Komponenten — ängstliches Vermeiden von Konflikten, defensive Reaktionen gegenüber neuen Erfahrungen, falscher Führungsstil — tragen dazu bei, daß Mitglieder von Gesprächsgruppen meist nicht nur aneinander, sondern auch an sich selbst vorbeireden. Sie können diese Behauptung leicht selbst überprüfen, wenn Sie in Ihrer nächsten Arbeitssitzung nicht nur auf den Gesprächsinhalt, sondern auch auf den Gesprächs**prozeß** achten:

● Wer redet mit wem bzw. gegen wen?
● Enthalten Sachaussagen versteckte Angriffe gegen bestimmte Personen?
● Haben Sie das Gefühl, daß wichtige Dinge unausgesprochen bleiben?
● Scheinen einige etwas ganz anderes zu meinen, als sie eigentlich sagen?

Eine solche Prozeßbeobachtung macht sehr schnell deutlich, daß Spannungen und Konflikte sich nicht einfach dadurch ausschalten lassen, daß sie nicht »zur Sache gehören«. Da fragt z. B. ein Konferenzteilnehmer: »Wer hat eigentlich diesen Plan aufgebracht?« Die Antwort: »Das tut doch jetzt nichts zur Sache!« ist zwar sachlich nicht anfechtbar

(»Wir wollen doch hier nicht persönlich werden!«), und der Frager muß diese Antwort akzeptieren. Aber damit bleibt unausgesprochen, was eigentlich **gemeint** wurde: »Ich habe den Verdacht, daß der Organisationsleiter hinter meinem Rücken zur Geschäftsleitung gegangen ist. Ich fühle mich übergangen und bin entschlossen, diesen Plan deshalb zu sabotieren!«

Wir kommen damit zum Kernproblem eines jeden Gesprächsprozesses: **Jeder** Sachbeitrag hat immer auch eine persönliche und damit emotionale Komponente. Die allgemeine Überzeugung lautet, daß die Aufgabe einer guten Gesprächsführung darin besteht, auf die Verfolgung des Sachzieles zu achten und persönliche Emotionen der Teilnehmer möglichst zu dämpfen. Diese Regel kann jedoch, aus den oben erwähnten Gründen, nicht funktionieren. Um ein günstiges Arbeits- und Gesprächsklima zu schaffen, bei dem sich die Teilnehmer gegenseitig akzeptieren und Probleme offen besprechen können, ist neben der Klärung der sachlichen Dinge auch die Klärung der sozio-emotionalen Beziehungen der Gesprächsteilnehmer notwendig. Es müssen also alle drei Komponenten des Gesprächsprozesses berücksichtigt werden:

1. Die Bedürfnisse des Themas (die Sachebene, das »Es«),
2. Die Bedürfnisse des Individuums (die Motivebene, das »Ich«),

3. Die Beziehungen der Gruppe (die Beziehungsebene, das »Wir«).

Um Gesprächsgruppen erfolgreich zu machen, muß der Gesprächsleiter also unpersönliche Erziehungs-, Lern- und Kommunikationsprozesse personalisieren. Der Gruppenleiter benötigt eine Art Zauberstab, mit dem er die geforderte Balance zwischen **Es, Wir** und **Ich** herstellen kann!

Dieser Zauberstab heißt TIM! Hinter diesem Wort steckt eine Sammlung praktikabler gruppendynamischer Kommunikationsregeln, die seit ihrer Entwicklung schon vielen Gruppen geholfen haben, ihre aktuellen Probleme besser als bisher zu lösen. **Die themenzentrierte interaktionelle Methode (TIM)** wurde in den USA von R. Cohn aus Elementen der Gruppendynamik und der Kommunikationstheorie entwickelt.

Grundidee der **TIM** ist, daß die Kommunikationsregeln dieser Methode die Gruppenteilnehmer dazu zwingen, sensibler für die Gesprächsdynamik zu werden, die den Problemlöseprozeß beeinflußt, ohne dabei das Sachproblem aus den Augen zu lassen.

Die Regeln der TIM erscheinen zunächst verblüffend einfach. Bevor Sie aber diese Feststellung treffen, nehmen Sie doch einmal unter dem Gesichtspunkt dieser Regeln kritisch an Ihrer nächsten Konferenz oder Teambesprechung teil. Sie werden schnell feststellen, wie oft dagegen verstoßen wird:

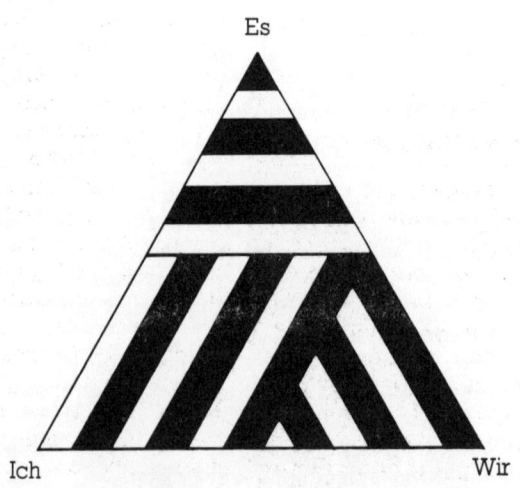

Es

Ich   Wir

Regel 1:

»Jeder ist für sich selbst verantwortlich!« — Sprechen oder schweigen Sie, wann Sie wollen. Versuchen Sie nicht, die Gründe für Ihr eigenes Unbehagen anderen in die Schuhe zu schieben. Wenn Sie sich von anderen übergangen fühlen, können nur Sie selbst es ändern. Nicht allein der Gesprächsleiter, Sie alle sind für den Erfolg oder Mißerfolg einer Aufgabe verantwortlich.

Regel 2:

»Sprechen Sie nicht per »man« oder »wir«, sondern per »ich«! — Sagen Sie also nicht »Wir meinen doch alle...« oder »Man sollte jetzt aber...«. Das suggeriert einen Konsensus, der oft gar nicht vorhanden ist. Haben Sie den Mut zum »ich« und damit zum Risiko des persönlichen Engagements!

Regel 3:

»Leiten Sie Fragen dadurch ein, daß Sie erklären, was diese für Sie bedeuten!« — Persönliche Aussagen sind normalerweise besser als unechte Fragen. Sie machen eigene Standpunkte klar und helfen den anderen, ebenfalls offener zu werden. Inquisitorische Fragen enthalten oft versteckte Angriffe und erzeugen Abwehr oder Gegenangriffe (»Wer hat eigentlich diesen Plan aufgebracht...?«). Sagen Sie also offen, warum für Sie persönlich diese Frage wichtig ist.

Regel 4:

»Wenn mehrere gleichzeitig sprechen wollen, muß vor der weiteren Behandlung des Sachthemas eine Einigung über den Gesprächsverlauf herbeigefüht werden!« — Auf diese Weise werden schnell die verschiedenen Interessen der Gesprächsteilnehmer geklärt. Es wird verhindert, daß sich immer die »Vielredner« durchsetzen. Es darf nur einer auf einmal reden.

Regel 5:

»Gesprächsstörungen müssen vorrangig behandelt werden!« — Seitengespräche zwischen zwei Teilnehmern, Konzentrationsschwierigkeiten, Langeweile, Ärger oder Ermüdung werden oft vertuscht, um nicht zu »stören«. Oft liegen aber solchen »Störungen« wesentliche, auch für die Gruppe interessante Probleme eines Gruppenmitglieds zugrunde. Werden diese Störungen nicht behandelt, geht der Kontakt dieses Gruppenmitglieds zur Gruppe verloren, und die Arbeitsfähigkeit der Gruppe wird gemindert. Die Erfahrung hat gezeigt, daß der Zeitverlust, der durch die Aufarbeitung einer Störung entsteht, durch die verbesserte Ko-

Spannungen in einer Gesprächsgruppe dürfen nicht verdrängt, sondern müssen sichtbar gemacht werden!

häsion, für das gegenseitige Verständnis und damit für die verbesserte Arbeitsfähigkeit der Gruppe aufgewogen wird.

Regel 6:

»Vermeiden Sie Interpretationen anderer und teilen Sie statt dessen lieber nur Ihre persönliche Wahrnehmung oder Ihre persönliche Reaktion mit!« — Interpretationen sind meistens falsch, wenig hilfreich und fordern zu Ab-

wehrreaktionen heraus. Sagen Sie also nicht: »Sie sind arrogant!« oder: »Sie wollen die Gesprächsführung an sich reißen!«, sondern lieber: »Ich ärgere mich, weil Sie immer lächeln, wenn ich etwas sage«, oder: »Ich fühle mich gestört, weil Sie mich jetzt schon das zweite Mal unterbrochen haben!« Sie helfen damit dem anderen, sich selbst besser zu sehen, und haben eher eine Erklärung als einen Gegenangriff zu erwarten!

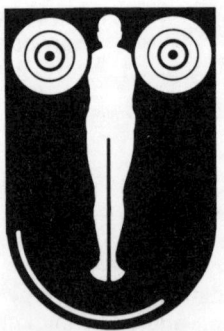

(Diese Regeln wurden dem Buch von B. Genser, K. W. Vopel, P. Buttgereit, B. Heinze: Lernen in der Gruppe – Theorie und Praxis der themenzentrierten interaktionellen Methode, Hamburg 1972, entnommen.)

Regel 7:

Richten Sie Ihre Aussagen nicht an die ganze Gruppe, sondern immer an bestimmte Personen! — Sagen Sie also nicht: »In dieser Atmosphäre können wir nicht produktiv arbeiten!«, oder: »Ich fühle mich in diesem Team nicht wohl!«, sondern: »Herr X, mir ist nicht recht klar, warum Sie an dieser Besprechung teilnehmen.« Denken Sie immer daran, Sie haben es nicht mit einer »Gruppe« zu tun, sondern mit einer Anzahl von Menschen mit zum Teil ganz verschiedenen Motiven und Bedürfnissen. Sprechen Sie also diese Menschen, nicht die Gruppe an.

Warum hat die Beachtung dieser Regeln eine so positive, nach den bisherigen Erfahrungen sogar oft verblüffende Wirkung auf das Arbeitsklima einer Gruppe? Ihnen allen ist gemeinsam, daß sie die persönliche Bezugsebene einer Gruppe verstärkt ins Gespräch bringen und die Selbstverantwortlichkeit der Gruppenmitglieder immer wieder deutlich machen. Spannungen werden damit nicht verdrängt, sondern sichtbar gemacht, und damit ihre unproduktive Dynamik aufgehoben. In einem Gespräch, in dem die oben beschriebene Balance zwischen dem ES, WIR und ICH nicht erreicht, sondern sich auf die »Sache« konzentriert wird, lassen sich aber die Bedürfnisse des WIR und des ICH nicht ausschalten. Lange unfruchtbare Diskussionen könnten vermieden werden, wenn dieser Tatbestand mehr in das Bewußtsein von sachorientierten Diskussions- und Konferenzleitern träte. Damit ist auch der Einwand beantwortet, die Anwendung der TIM-Regeln sei für ein normales Arbeitsgespräch zu zeitraubend. Das verbesserte Arbeitsklima, das bessere gegenseitige Verständnis und die dadurch ermöglichte effektivere Bearbeitung von Problemen macht den zusätzlichen Zeitaufwand mehr als wett.

Acht Regeln für gruppendynamische Spiele

Sie haben zwei Möglichkeiten, die Spiele dieses Buches zu verwenden. Zum einen sind es unterhaltende, interessante, oft spannende Gesellschaftsspiele, mit denen Sie einen Abend mit Freunden einmal anders als üblich gestalten können. Wichtiger ist aber ihre Verwendungsmöglichkeit als ernsthafte gruppendynamische Übungen. Sie helfen Gruppen, ihr Verhalten besser durchschauen und vor allen Dingen ändern zu können.

Bürgerinitiativen, Wohngemeinschaften, Schulklassen, Arbeitsteams und Lerngruppen − in allen diesen Gruppen entstehen Konflikte, Spannungen, Frustrationen. Diese können mit Hilfe gruppendynamischer Übungen aufgedeckt und bearbeitet werden. Voraussetzung dafür ist allerdings eine offene Diskussion am Ende jeder Übung. Die dargestellten Spiele und Übungen haben im wesentlichen Vehikelfunktion − sie sind nur Grundlage und Anregung für das anschließende Gespräch, welches erfahrungsgemäß bei Arbeitsgruppen immer in eine Diskussion akuter Probleme der Gruppe einmünden wird. Die Diskussion ist also nicht nur An-

hängsel, sondern wichtigster Bestandteil jeder Übung. Die Spiele sollen keinen Selbstzweck haben, sonst besteht die Gefahr, daß man mit ihnen bestehende Probleme eher »überspielt« anstatt offenlegt!

Die während des Spiels gemachten Erfahrungen sollen von den Teilnehmern im anschließenden Gespräch offen besprochen werden. Neue Erfahrungen − vor allem über sich selbst − rütteln aber unter Umständen erheblich am eigenen Selbstbild. Dies kann sich in der Diskussion in einem typischen Fluchtverhalten äußern. Beharrliches Schweigen, Aggressionen, Übungen »dumm« oder »lächerlich« finden, Beschuldigungen untereinander oder an die Adresse des Gruppenleiters, diese Verhaltensweisen können Sie meistens ruhig als Flucht vor der Auseinandersetzung mit dem eigenen Verhalten und mit den gemachten Erfahrungen deuten. Ein erfahrener Gruppenleiter wird dies erkennen und darauf hinweisen. Beugen Sie solchem Verhalten vor, indem Sie vor der Diskussion die Gruppe auf die folgenden acht Gesprächsregeln verpflichten.

1.

Sie finden in diesem Buch
mehrere Abschnitte über gutes
und schlechtes Kommunikationsverhalten. Schauen Sie sich die darin
enthaltenen Regeln
noch einmal an und versuchen Sie,
diese während der Diskussion
einzuhalten.

2.

In den Spielen helfen Ihnen
andere Gruppenmitglieder,
über sich selbst neue Erfahrungen
und Informationen zu gewinnen.
Helfen Sie auch den anderen
dadurch, daß Sie bereit sind,
über die während des Spiels
gemachten Erfahrungen und
Erlebnisse zu sprechen!

3.

Es ist oft unangenehm,
anderen Wahrheiten zu sagen.
Bedenken Sie aber, daß die anderen
an den Spielen teilnehmen,
weil sie mehr über sich erfahren
wollen. Versuchen Sie also offen
darüber zu sprechen, wie Sie
die anderen erlebt haben!

4.

Wenn Sie mit einer Abwehrhaltung
an ein Spiel herangehen,
dann wird sich diese Einstellung
natürlich auch bestätigen.
Sie können nur die Erfahrungen
machen, die Sie auch machen wollen!
Verpflichten Sie sich selbst,
während des Spiels offen für neue,
ungewohnte Erfahrungen und
für sich selbst zu sein.

5.

Ihr Verhalten in der Gruppe und
das der anderen Gruppenmitglieder
ist nicht »zufällig«.

Unbewußt werden Gefühle
und Verhaltensweisen wiederholt,
wie sie während des Sozialisations-
prozesses erlernt wurden.
Versuchen Sie, dies für sich
und andere zu klären,
indem Sie offen über Ihre
Beziehungen zu anderen
in der Gruppe sprechen!

6.

»Man weiß ja allgemein...«,
»Ich habe immer Schwierigkeiten...«
– Mit solchen allgemeinen
Redewendungen weichen Sie
einer Offenlegung Ihrer
augenblicklichen Gefühle
und Gedanken aus.
Versuchen Sie daher,
sich in Ihren Mitteilungen
immer auf das »Hier« und »Jetzt«
der Gruppensituation zu beziehen!

7.

Hinter allen Ihren Gesprächs-
beiträgen steckt ein Motiv,
und meistens haben bestimmte
andere Personen damit zu tun.
Sprechen Sie daher immer
einzelne Personen und nicht die
Gruppe als Ganzes an!

8.

Wir verstecken unsere Angst
vor Emotionen – Ärger,
Aggressionen, aber auch
Zuneigung – meist hinter
einer rationalen Fassade.
Vermeiden Sie daher ein
intellektuelles Ausweichen
in sachliche Erklärungen,
die keine wirklichen Mitteilungen
sind. Erforschen Sie ehrlich
Ihre augenblicklichen Gefühle
und teilen Sie diese mit!

„Angeschmiert, mein Lieber!"

Ein Spiel
für Politiker und
solche,
die es werden wollen!

Prüfen Sie
in diesem Spiel
Ihre diplomatischen
Fähigkeiten!

Dieses Gesellschaftsspiel hängt fast völlig von dem Verhandlungsgeschick und der Überredungskunst der Spieler ab. Sie können bei diesem Spiel nicht gewinnen, ohne sich mit Ihren Mitspielern auf eine Reihe von vorübergehenden Vereinbarungen einzulassen. Sie können die Einhaltung dieser Vereinbarungen jedoch nicht mit Hilfe der Regeln erzwingen. Manchmal ist es sogar für Sie vorteilhaft, sich nicht an Ihre Vereinbarungen zu halten.

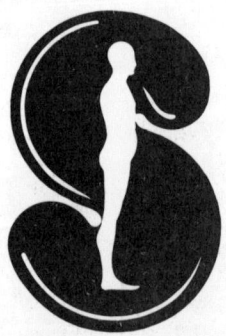

Das Spiel wurde übrigens von den Mathematikern N. Hausner, J. Nash,
L. Shapley und M. Schubik (in: M. Shubik
[1965], S. 375 ff.) zur Überprüfung
spieltheoretischer Überlegungen entwickelt
und beweist, daß Mathematik nicht unbedingt
eine »trockene« Wissenschaft sein muß!

Prüfen Sie in diesem Spiel Ihre diplomatischen Fähigkeiten und machen Sie sich noch einmal klar, was Sie bis jetzt über Gruppen gelernt haben.

Lassen Sie sich nicht durch die vielen Regeln abschrecken. Wenn Sie Ihr erstes Probespiel gemacht haben, werden Sie sehr schnell merken, daß alle Regeln einen ganz bestimmten Sinn haben und leicht zu behalten sind. Die Vielfalt der möglichen Reaktionen Ihrer Mitspieler in diesem Spiel wird Sie überraschen.

Die Spielregeln:

1 Das Spiel wird mit vier (oder fünf) Personen gespielt.

2 a Jeder Spieler beginnt mit sieben Chips (bei fünf Personen mit sechs Chips), die sich durch ihre Farbe von den Chips der anderen Spieler unterscheiden.

b Im Verlauf des Spiels kann der Spieler Chips von seinen Mitspielern gewinnen (siehe Regel 5). Diese Chips sind die »Gefangenen« des Spielers.

3 Die Spieler müssen ihren Besitz an Chips immer offen vor sich liegen haben.

4 a Der Spieler, der den ersten Zug zu machen hat, wird durch den Zufall (Auslosen, Würfeln) bestimmt.

b Ein Zug wird dadurch vorgenommen, daß ein Spieler einen Chip von beliebiger Farbe aus seinem Besitz auf das Spielfeld ausspielt.

c Der Chip kann entweder allein oder auf einen anderen Stoß von Chips gelegt werden, der sich schon auf dem Spielfeld befindet.

d Die Reihenfolge des nächsten Zuges wird von dem Spieler, der den letzten Zug gemacht hat, bestimmt, außer in dem Fall, in dem ein »Fang« gemacht wurde oder ein Spieler eben ausgeschieden ist (siehe Regel 5 c und 6 a, c).

e Der Spieler kann den Zug an einen anderen Spieler weitergeben, dessen Farbe in dem eben angespielten Stoß nicht enthalten ist (also auch an sich selbst, wenn seine eigene Farbe nicht im Stoß ist).

f Wenn Chips von allen Spielern im eben angespielten Stoß enthalten sind, muß der Zug an den Spieler weitergegeben werden, dessen zuletzt ausgespielter Chip seiner Farbe im Stoß am tiefsten unten liegt.

5 a Ein »Fang« wird dadurch gemacht, daß unmittelbar hintereinander auf denselben Stoß zwei Chips in derselben Farbe ausgespielt werden.

b Der durch diese Farbe gekennzeichnete Spieler muß aus diesem Stoß einen Chip seiner Wahl (von beliebiger Farbe) herausgreifen, der aus dem Spiel genommen (in den »Kasten« gelegt) wird.

c Der Spieler nimmt dann den Rest der Chips als »Gefangene« an sich und hat den nächsten Zug. Er kann sofort mit seinen »Gefangenen« weiterspielen.

d Ein »Gefangener« ist also ein Chip, dessen Farbe sich von der des Besitzers unterscheidet.

6 a Ein Spieler scheidet aus, wenn er den Zug erhält, aber nicht spielen kann, weil er keine Chips mehr besitzt.

b Sein Ausscheiden ist jedoch erst dann gültig, wenn jeder Spieler, der »Gefangene besitzt«, sich weigert, ihm durch eine Übertragung von »Gefangenen« zu »retten«. Chips der eigenen Farbe darf der Spieler aber nicht übertragen (siehe Regel 8 a).

c Nach dem Ausscheiden nimmt der Spieler nicht mehr an dem Spiel teil. Der Zug fällt auf den Spieler zurück, der ihm den Zug gegeben hat. (Wenn letzterer dadurch zum Ausscheiden gezwungen wird, weil er nicht mehr weiterspielen kann, fällt der Zug an den Spieler zurück, der diesem den Zug gegeben hat, usw. . . . .)

d Die Chips eines ausgeschiedenen Spielers bleiben als »Gefangene« im Spiel, aber sie werden bei der Bestimmung der Reihenfolge im Spiel nicht mehr berücksichtigt (siehe Regel 4 d).

e Wenn ein Stoß durch die Chips eines schon ausgeschiedenen Spielers »gefangengenommen« wird (siehe Regel 5 a), wird der ganze Stoß aus dem Spiel genommen (»in den Kasten« gelegt). Der Zug fällt dann zurück. (Nach Regel 6 c.)

7 Es gewinnt der Spieler, der nach dem Ausscheiden aller anderen Spieler »überlebt«.

Es ist zu beachten, daß ein Spieler auch dann gewinnen kann, wenn er keine Chips besitzt, und sogar dann, wenn alle Chips von seiner Farbe aus dem Spiel genommen worden sind.

8 a Jeder Spieler darf jederzeit während des Spiels »Gefangene«, die sich außerhalb des Spielfelds in seinem Besitz befinden, endgültig aus dem Spiel nehmen (in den »Kasten« legen) oder sie anderen Spielern übertragen. Er darf jedoch Chips von seiner eigenen Farbe nicht anderen übertragen und nur dann aus dem Spiel nehmen, wenn sie sich in einem Gefangenenstoß befinden, den er gerade bekommen hat (siehe Regel 5 b).

b Die Übertragungen können nicht mit Vorbehalten verknüpft oder zurückgenommen werden.

9 a Koalitionen oder Vereinbarungen zur Kooperation sind erlaubt und können jede Form annehmen.

b Die Regeln sehen für den Bruch eines Übereinkommens keine Strafe vor.

c Die offene Diskussion am Spieltisch unterliegt keinen Beschränkungen, aber die Spieler dürfen sich während des Spiels nicht abseits des Tisches besprechen oder vor Beginn des Spiels Vereinbarungen treffen.

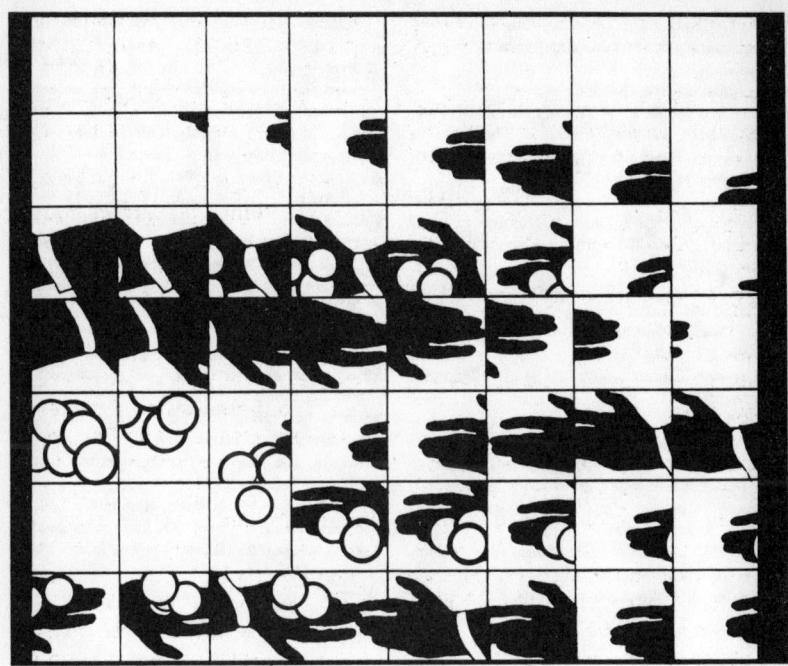

Literatur

* **Abt, Clark C.:** Ernste Spiele, Lernen durch gespielte Wirklichkeit, Köln 1971.
* **Antons, Klaus:** Praxis der Gruppendynamik. Übungen und Techniken, Göttingen 1973.
* **Birkenbihl, Michael:** Kleines Arbeitshandbuch für Ausbilder und Dozenten, München 1973.
Blake, Robert R., Mouton, Jane S.: Verhaltenspsychologie im Betrieb. Das Verhaltensgitter, eine Methode zur optimalen Führung in Wirtschaft und Verwaltung, Düsseldorf, Wien 1968.

Bradford, Leland P., Gibb, Jack R., Benne, Kenneth D. (Hrsg.): Gruppen-Training, T-Gruppentheorie und Laboratoriumsmethode, Stuttgart 1972.
Brocher, Tobias: Das unbekannte Ich. Eine Einführung in die Psychologie des Alltags, Reinbek 1969.
* **Brocher, Tobias:** Gruppendynamik und Erwachsenenbildung, Braunschweig 1971.
Claessens, Dieter: Rolle und Macht, München 1968.

* **Clark, Charles H.:** Brainstorming. Methoden zur Zusammenarbeit und Ideenfindung. 2. Aufl., München 1967.

Fast, Julius: Körpersprache, Reinbek 1971.

Genser, B., Vopel, K. W., Buttgereit, P., Heinze, B.: Lernen in der Gruppe – Theorie und Praxis der themenzentrierten interaktionellen Methode, Hamburg 1972.

Hinst, Klaus (Hrsg.): Wir und die anderen. Eine Sozialpsychologie des Alltags, Reinbek 1970.

Hofstätter, Peter R.: Gruppendynamik, Hamburg 1971.

Hofstätter, Peter R., Tack, Werner H.: Menschen im Betrieb, Stuttgart 1967.

Kolle, Oswalt: Der Mensch lebt nicht vom Geld allein, Hamburg 1967.

Luft, Joseph: Einführung in die Gruppendynamik, Stuttgart 1971.

Mills, Theodore M.: Soziologie der Gruppe – 3. Aufl., München 1971.

Moore, Robert E.: Die Tür zum Mitmenschen in Beruf und Familie, Düsseldorf, Wien 1963.

Moshack, Gustav: Menschen arbeiten miteinander, Stuttgart 1958.

Oldendorff, Antoine: Grundzüge der Sozialpsychologie, Köln 1965.

* **Pfeiffer, J. William, Jones, John E.:** A Handbook of Structured Experiences for Human Relations Training. Vol. I, II, III, Iowa City, Iowa 1969, 1970, 1971.

Richter, Horst E.: Die Gruppe. Hoffnung auf einen neuen Weg, sich selbst und andere zu befreien, Reinbek 1972.

Rohn, Walter: Führungsentscheidungen im Unternehmensplanspiel, Essen 1964.

Rosenkranz, Hans, Geißler, Kh. A.: Pädagogik für Ausbilder, Wiesbaden 1972.

Ruhloff, Jörg: Ein Schulkonflikt wird durchgespielt, Heidelberg 1970.

Schmidbauer, Wolfgang: Sensitivitätstraining und analytische Gruppendynamik, München 1973.

* **Schutz, William C.:** Freude. Abschied von der Angst durch Psycho-Training, Reinbek 1971.

Setzen, Karl M.: Die Gruppe als soziales Grundgebilde, Heidenheim 1971.

Shubik, M. (Hrsg.): Spieltheorie und Sozialwissenschaften, Hamburg 1965.

* **Sikora, Joachim:** Die neuen Kreativitätstechniken, München 1972.

* **Vopel, Klaus W., Kirsten, Rainer E.:** Teilnehmermaterialien zum Kommunikationskurs und Kooperationskurs. Unveröffentl. Manuskript, Hamburg 1973.

Werner, Hans: Motivation und Führungsorganisation, Heidelberg 1972.

In diesen Büchern finden Sie weitere Informationen über Gruppendynamik und zu einzelnen Themen aus dem » Gruppen-Training«. Die in unserem Buch beschriebenen Spiele und weitere Übungen und Anregungen finden Sie in den mit einem * gekennzeichneten Büchern.

Von und über Erich Fromm
in der DVA

Erich Fromm
Schriften über Sigmund Freud
Herausgegeben und kommentiert von Rainer Funk
222 Seiten, DM 26,–
Die Schriften, in denen sich Erich Fromm mit Sigmund Freud
auseinandersetzt und die hier in einer Auswahl neu vorgelegt
werden, würdigen den Pionier einer Wissenschaft vom Irratio-
nalen nicht durch Linientreue, sondern durch Kritik und kreative
Weiterentwicklung seiner bahnbrechenden Ideen.
Rainer Funk, Assistent Fromms und bester Kenner des Fromm-
schen Werks, hat die Auswahl besorgt und mit Kommentaren
versehen.

Rainer Funk
Mut zum Menschen
Erich Fromms Denken, seine humanistische Religion und Ethik
447 Seiten, Paperback, DM 24,–
Gebunden mit Schutzumschlag, DM 48,–
Mut zum Menschen ist die Bekenntnisformel für Erich Fromms
Denken, Leben und Werk. Mit ihr kennzeichnet Rainer Funk
die tiefste Überzeugung eines der profiliertesten Humanisten
unseres Jahrhunderts. Erich Fromms bekenntnishafter Mut zum
Menschen ist jener Schlüssel, der begreiflich macht, warum er
Sozialist, Marxist, Psychoanalytiker, Sozialpsychologe,
Nicht-Theist, Mystiker, Moralist, Gesellschaftskritiker und Sozi-
alphilosoph zugleich ist.
Die erste umfasssende Analyse des Werks von Erich Fromm.